本文イラスト：がりぼん☆デザイン
装丁：dice

はじめに

　本書『テーマで読む韓国語（中級〜中上級編）―頻出単語で多読に挑戦』は、中級レベルあるいは韓国語能力試験（TOPIK）2〜3級レベル以上の学習者を対象にしています。各ユニットを構成するにあたっては、韓国語能力試験3〜4級レベルに必要な読解力および語彙力が自然に身につくように配慮しました。また、「読む」力だけではなく、「話す」力、文法力もバランスよく向上するように工夫してあります。

本書の特長
　①身近かつ重要なテーマの設定
　②客観的なデータに基づいたテーマおよび語彙の選定と配列
　③エッセイ、台本、アンケート、新聞記事など、多様なジャンルからアクチュアルなテキスト（読み物）を採用
　④文法の基礎を確認しながら学習できるように、「ポイント」や「コラム」欄を挿入
　⑤多彩な項目（「導入質問」「読む前に」「内容確認」）に取り組むことで、「読む」力とともに「話す」力も含めた総合的な韓国語能力のアップ
　⑥教室学習でも自習でも、様々な場面での使用が可能

本書の使い方
　本書は、「読む」という行為を通して、総合的な韓国語能力の向上を目指して作られています。そのため、各ユニットにおいては「導入質問」や「読む前に」に多くのスペースが割かれています。これらを大いに活用し、先生からの質問や教材の指示文にしたがって自分の考えを積極的に表現することによって、より総合的な韓国語力をつけることができます。

　本書の作成に当たっては多くの方々にお世話になりました。この場を借りて感謝の言葉を述べたいと思います。まず、1年間の試用期間中、プリント教材にも関わらず積極的に授業に参加してくれた藤女子大学の学生に感謝します。また、本書の企画段階から具体化まで力強く導いてくださった、駿河台出版社の浅見忠仁さんに心から感謝いたします。
　本書が韓国語学習の多様なニーズにお応えできる一部にでもなればと願ってやみません。

2019 年 2 月
金昌九・酒勾康裕

目　　次

はじめに

UNIT 01　패션과 쇼핑（ファッションと買い物）———————— 005
読み物 **1**　시장에서｜読み物 **2**　패션 상식: TPO
Column**1**　連体形１（現在形）

UNIT 02　신체와 건강（身体と健康）———————————— 013
読み物 **1**　증상과 치료｜読み物 **2**　생활 속의 건강 상식
Column**2**　連体形２（過去形・未来形）

UNIT 03　여행과 교통（旅行と交通）———————————— 021
読み物 **1**　수원 화성 여행｜読み物 **2**　서울의 이곳 저곳
Column**3**　文章の終結表現１：友達ことば・ため口①

UNIT 04　음식과 음료（食べ物と飲料）———————————— 029
読み物 **1**　한국의 식사 예절｜読み物 **2**　한국의 최신 트렌드: 혼밥
Column**4**　文章の終結表現２：友達ことば・ため口②

UNIT 05　일과 직업（仕事と職業）———————————— 037
読み物 **1**　직업의 선택｜読み物 **2**　직장인의 자기 계발
Column**5**　文章の終結表現３：下称形

UNIT 06　집과 주거 환경（家と住居環境）————————— 045
読み物 **1**　살고 싶은 집｜読み物 **2**　새로운 주거 트렌드: 셰어 하우스
Column**6**　伝言１（間接話法）

UNIT 07　연애와 결혼（恋愛と結婚）———————————— 053
読み物 **1**　결혼의 조건｜読み物 **2**　연애의 과학
Column**7**　伝言２（間接話法）

UNIT 08　기분과 감정（気分と感情）———————————— 061
読み物 **1**　기분과 감정｜読み物 **2**　스트레스와 스트레스 해소
Column**8**　伝言３（間接話法）

UNIT 09　언어와 교육（言語と教育）———————————— 069
読み物 **1**　왜 배우고 무엇을 배우는가?｜読み物 **2**　반말은 언제부터?
Column**9**　使役表現

UNIT 10　컴퓨터와 통신（コンピューターと通信）————— 077
読み物 **1**　컴퓨터의 과거, 현재, 미래｜読み物 **2**　SNS피로증후군
Column**10**　受け身

日本語訳と解答 ———————————————————— 085
単語帳 —————————————————————————— 113

UNIT 01 패션과 쇼핑

- ファッションとファッション雑貨に関する表現が理解できる。
- もらいたいプレゼント、好きなファッションスタイルについて話したり、尋ねたりできる。
- ファッションに関する簡単なエッセイや放送スクリプトを読み、その内容が理解できる。

1 次の内容は「韓国で恋人同士で送ってはいけないプレゼント」についての紹介文です。

> 한국에서는 연인 사이에 신발이나 손수건, 노란 장미는 선물하지 않습니다. 이 선물들이 이별을 뜻하기 때문입니다. 예를 들어, 신발은 연인이 그것을 신고 도망갈 수 있습니다. 손수건은 (헤어진 후) 눈물을 닦을 때 사용합니다. 그리고 노란 장미는 꽃말의 의미가 '질투하다, 사랑이 식다'이기 때문입니다.

日本では恋人同士で送ってはいけないプレゼントはありますか。何がありますか。一番記憶に残るプレゼントは何ですか。それはどうしてですか。

2 韓国の大学生男女100名を対象にした「特別な日に彼氏・彼女からもらいたいプレゼント」について調査した結果です。どうですか？ 皆さんとは違いますか。違う場合、どのように違いますか。(2014, 삼성화재)

	남자 친구한테서 받고 싶은 선물	여자 친구한테서 받고 싶은 선물
1위	목걸이	시계
2위	지갑	운동화
3위	향수/화장품	지갑/옷
4위	가방	향수/화장품
5위	시계	구두
6위	반지	편지
7위	꽃	맛있는 음식
8위	속옷	속옷

1 시장에서

❶ 「ファッション（服とアクセサリー）」関連の表現です。適切な語を［例］から選び、書きなさい。

[例]
시계	구두
가방	반지
지갑	치마
안경	모자
우산	

❷ ❶の語とよく一緒に使われる動詞を探して、結びなさい。（複数回答可能）

① 옷(을) •	• 신다 •	• ⑧ 안경(을)
② 치마(를) •	• 입다 •	• ⑨ 우산(을)
③ 티셔츠(를) •	• 벗다 •	• ⑩ 모자(를)
④ 바지(를) •	• 쓰다 •	• ⑪ 시계(를)
⑤ 신발(을) •	• 끼다 •	• ⑫ 반지(를)
⑥ 구두(를) •	• 들다 •	• ⑬ 가방(을)
⑦ 양말(을) •	• 차다 •	

🗨 上の内容を参考にして、-고 있어요を用いて自分や友達の今の服装について話してみましょう。

読む前に

🗨 近くに市場（商店街やスーパーなども含む）がありますか。そこによく行きますか。そこには主に何をしに行きますか。

🗨 最近、そこに行ったことがありますか。何をしましたか。

Reading　外国人学生が市場から帰ってきた後に書いたエッセイです。

저는 시장에 가는 것을 좋아합니다. 시장 구경은 언제나 재미있습니다. '어서 오세요!' '바지 보고 가세요.' '양말이 10,000원에 다섯 켤레!' '계란이 왔어요, 계란이…. 크고 싱싱한 계란이 왔어요. 크고 싱싱한 계란이 열 개에 1,000원, 스무 개에 2,000원….' '에이, 아저씨, 좀 깎아 주세요!'

물건을 파는 사람도, 물건을 (ⓐ) 사람도, 구경하는 사람도 모두 즐거워 보입니다.

시장에서는 여러 가지 음식도 맛볼 수 있습니다. 가장 인기 있는 음식은 김밥과 떡볶이, 튀김입니다. 저도 이 음식들을 가장 좋아합니다.

오랜만에 주말에 친구와 같이 시장에 갔습니다. 겨울이 (ⓑ오다) 전에 스웨터를 하나 사고 싶었습니다. 시장에는 값싸고 디자인도 예쁜 스웨터가 많이 있었습니다. 아저씨가 값을 깎아 주셔서 스웨터를 (ⓒ) 살 수 있었습니다.

쇼핑을 (ⓓ하다) 후에는 시장에서 김밥과 떡볶이를 먹었습니다. 길에서 서서 음식을 먹는 것도 재미있는 경험이었습니다.

3 次の各文が上記の内容と一致していれば○を、一致していなければ×を書きなさい。

① 이 사람은 시장에 가는 것을 좋아합니다. (　　)
② 이 사람은 물건 값을 잘 깎습니다. (　　)
③ 시장에서는 여러 가지 음식을 팝니다. (　　)
④ 이 사람은 스웨터를 사러 시장에 갔습니다. (　　)
⑤ 친구는 아무 것도 안 샀습니다. (　　)

4　ⓐ、ⓒに入る適切な表現を書きなさい。

5　'ⓑ오다'と'ⓓ하다'を文章に合わせて書き直しなさい。

Speaking　市場の長所と短所は何ですか。自分の考えを話してみましょう。

文法と表現

1 形・動-기 전(에)/名 전에 【～する前（に）】

① (자다   ) 화장실에 가요.

　寝る前にトイレに行きます。

② 한국에 (오다   ) 일본에서 언어학을 공부했어요.

　韓国に来る前に日本で言語学を勉強しました。

③ A: (   ) 뭐 했어요?

　　授業の前に何をしましたか。

　B: 커피를 마셨어요.

　　コーヒーを飲みました。

2 動-(으)ㄴ 후(에)/名 후에 【～した後（に）】

① 수업이 (끝나다   ) 집에 가요.

　授業が終わった後に家に帰ります。

② 밥을 (먹다   ) 커피를 마셔요.

　ご飯を食べた後にコーヒーを飲みます。

③ A: (   ) 뭐 할 거예요?

　　授業の後に何するつもりですか。

　B: 도서관에 갈 거예요.

　　図書館に行くつもりです。

3 形-아/어/해 보이다 【～なように見える・～みたいに思われる】

① 하나 씨는 나이보다 (어리다   ).

　ハナさんは年より若く見えます。

② 하나 씨, 오늘은 특히 더 (예쁘다   ).

　ハナさん、今日は特に一層綺麗に見えますね。

③ A: 어디 아파요? 얼굴이 (안 좋다   ).

　　どこか具合が悪いですか。顔色がよくないです。

　B: 요즘 조금 피곤해서요.

　　最近ちょっと疲れているんです。

2 패션 상식 : TPO

1 皆さんはどのような服が好きですか。次の表を完成させて、[例] のように友達と話したり、尋ねあってみましょう。

① 좋아하는 옷	☐정장		☐캐주얼	
② 스타일	☐편한 스타일		☐예쁘고 귀여운 스타일	
	☐섹시한 스타일		☐화려한 스타일	
	☐유행하는 스타일			
③ 가격	☐싸다		☐비싸다	
④ 사이즈	☐조금 큰 사이즈		☐몸에 딱 맞는 사이즈	
	☐조금 작은 사이즈			
⑤ 좋아하는 색	☐밝은 색		☐어두운 색	
	☐빨간색	☐노란색	☐파란색	☐회색	☐보라색
	☐녹색	☐남색	☐흰색	☐검은색	
⑥ 옷 사는 곳	☐백화점	☐시장	☐옷 가게	☐인터넷 쇼핑
⑦ 쇼핑 횟수	☐자주	☐가끔	☐거의 안 한다	☐전혀 안 한다

[例]
① ○○ 씨는 어떤 옷을 좋아하세요?
 (혹은) ○○ 씨는 정장을 좋아하세요, 캐주얼을 좋아하세요?
② 어떤 스타일의 옷을 좋아하세요?
③ 가격은요?
④ 사이즈는요?
⑤ 밝은 색 옷을 좋아하세요, 어두운 색 옷을 좋아하세요?
⑥ 무슨 색깔을 좋아하세요?
⑦ 자주 쇼핑하세요?
⑧ 어디에서 보통 옷을 사세요?

友達はどのような服が好きですか。質問の結果をもとに話してみましょう。

読む前に

🗣 皆さんは服を着こなすほうですか。「服を着こなす（옷을 잘 입다）」とはどのような意味でしょうか。

🗣 TPO ということばを聞いたことがありますか。どのような意味ですか。

Reading TPO に関するラジオ放送の内容です。

여러분, 안녕하세요. MBS 라디오, '이럴 때는 어떻게?'의 김하나입니다.

오늘은 뭘 입고 나갈까? 친구 결혼식인데 원피스를 입고 가도 될까? 등등. 매일 옷 고르기가 쉽지 않으시죠? 그래서 준비했습니다. '이럴 때는 이렇게'.

여러분, TPO라는 말을 들어 본 적이 있으십니까? 먼저, TPO에서 T는 시간 (time), 즉 날씨나 계절을 의미합니다. 맑은 날, 비가 오는 날, 눈이 오는 날, 바람 부는 날, 그리고 봄, 여름, 가을, 겨울 등등, 날씨나 계절에 맞게 옷을 입는 것이 중요합니다.

P는 장소 (place) 입니다. 결혼식에 갈 때, 면접을 보러 갈 때, 운동하러 갈 때 등, 장소에 맞는 옷을 입는 것도 중요합니다. 결혼식에 갈 때 트레이닝복을 입거나, 운동하러 갈 때 정장을 입으면 안 되겠죠?

마지막으로, TPO의 O는 상황 (occasion) 입니다. 전체적으로 색깔이 잘 어울리는지, 날씨에 맞는 옷인지, 장소에 잘 어울리는 옷인지 등, 상황은 전체적인 조화를 의미합니다.

어떠세요? 어렵지 않으시죠? 방송을 들으신 여러분, 이제 TPO에 맞게 옷을 입으세요. MBS 라디오, '이럴 때는 어떻게?'의 김하나였습니다.

2 T と P、O はそれぞれ何を意味しますか。韓国語で説明してください。

3 次の各文章のうち、TPO に合う服を着ていれば○を、合わなければ×を書きなさい。

① [영민] 비 오는 날, 흰색 블라우스를 입고 출근합니다. (　　)
② [하나] 청바지에 티셔츠를 입고 결혼식에 갑니다. (　　)
③ [준민] 캐주얼한 옷을 입고 면접에 갑니다. (　　)
④ [민서] 검은색 양복, 검은색 넥타이, 흰색 양말을 신고 장례식에 갑니다. (　　)

文法と表現

1. 形・動-(으)ㄹ 때 【～（する・した）時】

① 하나 씨는 (웃다   )가 가장 예뻐요.
   ハナさんは笑う時が一番かわいいです。
② (어리다   )는 몸이 많이 약했어요.
   幼い時は体がとても弱かったです。
③ A: (심심하다   )는 주로 뭐 하세요?
   退屈な時は主に何しますか。
   B: 보통 영화를 봐요.
   普通映画を観ます。

2. 形・動-아/어/해도 되다 【～してもいい】

① 여기 (앉다   ) 돼요?
   ここに座ってもいいですか。
② 잠깐 화장실에 (갔다 오다   ) 될까요?
   ちょっとトイレに行ってきてもいいでしょうか。
③ A: 이 옷, 한번 (입어 보다   ) 되죠?
   この服、試着してみてもいいですよね？
   B: 네, 손님. 탈의실은 저쪽입니다.
   はい、お客様。試着室はあちらです。

3. 形・動-기 쉽다/어렵다/힘들다 【～(し)やすい・～(し)にくい・～(し)づらい】

① 한국어는 (배우다   ) 쉬운 언어예요.
   韓国語は学びやすい言語です。
② 단어를 (외우다   )가 너무 어려워요.
   単語を覚えるのが難しすぎます。
③ A: 많이 바빠요? 얼굴 (보다   )도 힘드네요.
   忙しいですか。顔見るのも大変ですね。
   B: 네, 연말이라 많이 바빠요.
   はい、年末なのでとても忙しいです。

Column1 　連体形1（現在形）

　　［修飾語＋被修飾語］の構造です。日本語の「可愛いカバン」（「可愛い」＝修飾語、「カバン」＝被修飾語）のように、韓国語でも修飾語＋被修飾語の語順になります。

● 예쁜 가방(예쁘다)　　　　　可愛いかばん（可愛い）
● 지금 읽는 책(읽다)　　　　　今読んでいる本（読む）
● 재미있는 영화(재미있다)　　面白い映画（面白い）

　　しかし、日本語とは違い韓国語では時制（過去形・未来形についてはコラム2を参照）と修飾語の品詞によって異なる語尾を使います。

	語幹に받침がない場合	語幹に받침がある場合
形容詞	예쁘＋ㄴ 가방＝예쁜 가방	작＋은 가방＝작은 가방
動詞	가＋는 사람＝가는 사람	먹＋는 사과＝먹는 사과
있다/없다	－	맛있＋는 음식＝맛있는 음식
名詞	친구이＋ㄴ 영민 씨 ＝친구인 영민씨	－

A: 어떤 사람이 좋아요?
　どんな人が好きですか。

B: 전 착한 사람이 좋아요.
　私は優しい人が好きです。

A: 저기 있는 사람 누구야?
　あそこにいる人、誰？

B: 커피 마시는 사람? 내 친구.
　コーヒー飲んでいる人？　私の友達。

A: 오늘은 맛있는 음식이 먹고 싶어요.
　今日は美味しい料理が食べたいです。

B: 그럼, 저랑 스파게티 먹으러 갈래요?
　それなら、私とスパゲッティ食べに行きましょうか。

UNIT 02 신체와 건강

- 身体と健康（病気・症状など）に関する語彙が理解できる。
- 自身の健康状態と健康を守る方法について友達に話したり、尋ねたりできる。
- 身体と健康に関する様々なジャンルのテキスト（エッセイ・新聞記事・放送スクリプト）を読み、その内容が理解できる。

1 次は「身体部位」の単語です。知っている単語をチェックしてみましょう。

[絵1] □머리　□목　□어깨　□허리　□가슴　□등　□팔　□손
　　　 □배　□다리　□무릎　□엉덩이　□발　□손가락　□발가락　□피부
[絵2] □얼굴　□눈　□코　□입　□귀　□이　□입술　□혀
[絵3] □심장　□폐　□간　□위　□장

2 「身体部位」の名称を上の❶から選んで書きなさい。

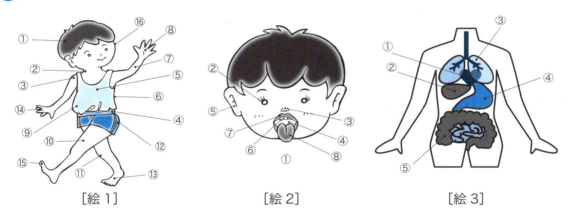

[絵1]　　　　　[絵2]　　　　　[絵3]

3 「身体部位の機能」と関連する表現です。以下の表現は身体のどの部位と関係がありますか。上の❶から選んで書きなさい。

① 보다(　　)　② 듣다(　　)　③ 먹다/마시다(　　)　④ 냄새를 맡다(　　)
⑤ 씹다(　　)　⑥ 생각하다(　　)　⑦ 숨쉬다(　　)　⑧ 소화하다(　　)
⑨ 만지다(　　)　⑩ 걷다/뛰다(　　)

1 증상과 치료

1 「症状・生理現象」と関連する表現です。適切なものを選んで結びなさい。（複数応答可能）

① 토 ·		·	⑤ 피
② 열 ·	· 이/가 나다 ·	·	⑥ 땀
③ 하품 ·	· 을/를 하다 ·	·	⑦ 침
④ 재채기 ·	· 을/를 흘리다 ·	·	⑧ 콧물
		·	⑨ 눈물

2 「症状」と「治療」関連表現です。知っている表現にチェックしなさい。

☐체하다
☐설사하다
☐변비에 걸리다
☐(목/얼굴이) 붓다
☐몸살이 나다
☐(모기에) 물리다
☐(피부가) 가렵다
☐(물에) 빠지다
☐(다리를) 다치다
☐(발목을) 삐다
☐(다리가) 부러지다

☐약을 먹다/마시다
☐약을 바르다
☐소독을 하다
☐깁스를 하다
☐주사를 맞다
☐파스를 붙이다
☐엑스레이를 찍다

☐치료하다
☐(병이) 낫다

読む前に

3 風邪を予防するためにどのようにすればいいですか。チェックした後、話してみましょう（-는 게 좋습니다/-아야 합니다）。

UNIT
02

① 손을 자주 씻습니다. (　　　)　　　② 잘 먹고 잘 잡니다. (　　　)

③ 물을 많이 마십니다. (　　　)　　　④ 술과 담배를 끊습니다. (　　　)

⑤ 과일과 야채를 많이 먹습니다. (　　　)　　⑥ 소금으로 이를 닦습니다. (　　　)

⑦ 예방 주사를 맞습니다. (　　　)　　⑧ 사람이 많은 곳에서는 마스크를 씁니다. (　　　)

⑨ 비타민 C가 많이 든 음식을 먹습니다. (　　　)

⑩ 외출에서 돌아오면 코 안과 목 안을 깨끗이 합니다. (　　　)

Reading 　次のテキストを読み、質問に答えなさい。

　　며칠 전부터 기침이 나고 열도 (ⓐ　　　) 났습니다. 머리도 많이 아팠습니다. 입맛도 없고 밤에 잠도 잘 자지 못했습니다. 이틀 동안 몸무게가 2kg이나 빠졌습니다. 약을 먹어도 낫지 않아서, 오늘은 마스크를 쓰고 집 근처 내과에 가서 진찰을 받았습니다. 병원에서 체온을 재 보니까 38도가 넘어서 (ⓑ　　　) 놀랐습니다. 엑스레이 (X-ray) 를 찍고 피 검사도 했습니다.

　　검사 결과를 보고 의사 선생님은, "가슴하고 폐에는 특별히 문제가 없네요. 독감도 아니고요. 단순한 감기인 것 같습니다. 한 며칠 약 드시고 (ⓒ　　　) 쉬십시오."라고 말했습니다. 의사 선생님 말씀을 듣고 안심이 되었습니다.

　　의사 선생님한테서 받은 처방전을 가지고 약국에 가서 약을 샀습니다. 오늘은 아무 것도 안 하고 약을 먹고 (ⓓ　　　) 쉬려고 합니다.

　　여러분, 여러분도 올겨울, 감기 조심하세요.

4 この人の症状とは**違うもの**を選びなさい。(　　　)

① 기침이 납니다.　　　　　　　② 열이 있습니다.

③ 두통이 심합니다.　　　　　　④ 음식을 먹고 싶은 마음이 없습니다.

⑤ 불면증이 있습니다.　　　　　⑥ 살이 찝니다.

5 ⓐ、ⓑ、ⓒ、ⓓに入る適切な副詞を書きなさい。

6 この人が今日したことを順番に書きなさい。

Unit 02 신체와 건강　**015**

文法と表現

1　形・動-지 않다【～しない】

① 배 (고프다　　　　　　　).
　お腹が空いていません。

② 내일은 학교에 (가다　　　　　　　).
　明日は学校に行きません。

③ A: 제가 아프다는 거, 누구한테 말했어요?
　　私が具合悪いということ、誰かに言いましたか。

　B: 아뇨, 아무한테도 (말하다　　　　　　　).
　　いいえ、誰にも言っていません。

2　動-지 못하다【～することができない】

① 바빠서 밥도 (먹다　　　　　　　).
　忙しくてご飯も食べられなかったです。

② 친구를 자주 (만나다　　　　　　　).
　友達にしょっちゅう会えません。

③ A: 그동안 왜 연락이 없었어요?
　　今までどうして連絡がなかったんですか。

　B: 바빠서 연락을 (드리다　　　　　　　).
　　忙しくて連絡を差し上げることができなかったです。

3　形・動-고(요)【～くて・し】

① 오늘 뭐 했어요? 하루 종일 전화도 안 (받다　　　　　　　).
　今日何しましたか。一日中電話にも出ないで。

② 민서는 참 좋은 학생이에요. 성격도 (밝다　　　　　　　).
　ミンソはとてもいい学生です。性格も明るいし。

③ A: 오늘 본 영화, 어땠어요?
　　今日観た映画、どうでしたか。

　B: 참 재미있었어요. 배우들의 연기도 (좋다　　　　　　　).
　　とても面白かったです。俳優さんの演技もよかったし。

2 생활 속의 건강 상식

1 皆さんの現在の健康状態はどうですか。チェックした後、話してみましょう。

질문	예	아니오
① 식사 시간이 불규칙적입니다.		
② 아침을 먹지 않을 때가 많습니다.		
③ 1주에 한 번도 운동을 하지 않을 때가 있습니다.		
④ 담배를 피웁니다.		
⑤ 저녁이 되면 술이 마시고 싶어집니다.		
⑥ 짠 음식, 매운 음식 등 자극적인 음식을 좋아합니다.		
⑦ 계단을 오르면 숨이 찹니다.		
⑧ 쉽게 짜증을 냅니다.		
⑨ 스트레스가 많습니다.		
⑩ 쉽게 피곤해집니다.		
⑪ 늘 몸이 무겁습니다.		

読む前に

 新聞の読者投稿欄に掲載された記事です。皆さんはこの人の意見に同意しますか。

담배와 술은 나를 위한 선물　　　　　　　　　　대구시 김준민(25세)

　　최근 건강에 대한 관심이 많아진 탓이겠지만, 몸에 해롭기 때문에, 혹은 살이 찐다는 이유로 술이나 담배, 단 음식 등을 참는 사람이 늘어나고 있습니다. 하지만 저는 별로 신경 쓰지 않습니다. 왜냐하면 담배와 술은 내가 나한테 주는 특별한 선물이기 때문입니다. 오히려 담배나 술을 참으면 스트레스가 쌓여 건강에 해롭습니다. 하고 싶은 것이 있으면 참지 않고, 많이 먹고 많이 마시고, 즐기면서 살고 싶습니다.

Reading　次は「健康常識」に関するラジオの対話文です。

김하나: 여러분, 안녕하세요. MBS 라디오, '생활 속의 건강'의 김하나입니다. 날씨가 쌀쌀해지는 요즘, 여러분! 건강 때문에 고민이 많으시죠? 오늘은 영민병원의 고영민 선생님을 모시고 건강에 대한 이야기를 나눠 보겠습니다.
고영민 선생님, 안녕하세요.

고영민: 네, 안녕하십니까? 고영민입니다.

김하나: 요즘 건강에 관심이 많습니다. 선생님, 생활 속에서 건강을 지키는 방법이 있으면 몇 가지 소개해 주세요.

고영민: 첫째, 물을 많이 드십시오. '아침에 마시는 물 한잔은 보약과 같다'는 말이 있지 않습니까? 이 말처럼, 물은 우리 건강에 아주 중요합니다. 물은 하루에 여덟 잔 정도 드시는 게 좋습니다. 물을 마시면 우리 몸 속의 나쁜 것들이 밖으로 나갑니다. 아침에 일어난 후나 자기 전에 마시는 물이 특히 건강에 좋습니다. 물을 마실 때는 급하게 (ⓐ마시다) 천천히 마시는 것이 좋습니다.

　둘째, 규칙적으로 운동을 하세요. 갑자기 운동을 심하게 하는 (ⓑ　　)은 좋지 않습니다. 운동은 한 번에 오래 하는 것보다 매일 하는 (ⓒ　　)이 더 중요합니다. 처음에는 약하게, 그리고 날마다 조금씩 운동을 하세요. 1주에 4~5일 정도 운동하고 2-3일 정도는 쉬는 (ⓓ　　)이 좋습니다.

　셋째, 자주, 많이 웃고, 되도록이면 모든 일을 긍정적으로 생각하려고 노력하세요. (계속)

2 次の各文が上記の内容と一致していれば○を、一致していなければ×を書きなさい。

① 물은 자주, 많이 마시는 게 좋다. (　　)
② 물은 아침에 일어나서나 자기 전에 마시는 게 좋다. (　　)
③ 물은 목이 마를 때에만 마셔야 한다. (　　)
④ 규칙적으로 운동을 하는 게 좋다. (　　)
⑤ 시간을 내기 어려울 때는 한 번에 오래 운동을 하는 게 좋다. (　　)
⑥ 운동은 매일 규칙적으로 조금씩 하는 게 좋다. (　　)

3 ⓐ'마시다'を文章に合わせて適切な形に変えなさい。

4 ⓑ～ⓓに共通に入る適切は表現を書きなさい。

Speaking 皆さんが知っている健康に関する知識があれば紹介してみましょう。

文法と表現

UNIT 02

1 名 때문에【～のために・～のせいで】

① (   ) 학교에 못 갔어요.

<u>風邪のせいで</u>学校に行けませんでした。

② (   ) 남자 친구랑 싸웠잖아!

<u>君のせいで</u>彼氏と喧嘩したじゃない！

③ A: 영민 씨, 피곤해 보여요. 무슨 일 있어요?

ヨンミンさん、疲れて見えます。何かありましたか。

B: (   ) 잠을 못 자서 그래요.

<u>試験のため</u>眠れないからです。

2 動1-지 말고 動2【～せずに～】

① 오늘은 학교 (가다   ) 영화 보러 가요.

今日は学校<u>行かずに</u>映画見に行きましょう。

② (싸우다   ) 사이 좋게 지내세요.

<u>喧嘩せずに</u>仲良く過ごしてください。

③ A: 왜 제 이야기는 듣지 않고 결정했어요?

なぜ私の話は聞かずに決めましたか。

B: (화만 내다   ) 제 얘기도 한번 들어 보세요.

<u>怒ってばかりいないで</u>私の話も一度聞いてください。

3 形・動-(으)ㄴ/는 것이[게] 좋다/중요하다 등【～するのがいい／重要だ】など

① 매일 조금씩 (걷다   ) 건강에 좋다.

毎日少しずつ<u>歩くのが</u>健康にいい。

② 화장은 하는 것보다 (지우다   ) 더 중요해요.

化粧はするより<u>落とすのが</u>もっと重要です。

③ A: 심심할 때는 보통 뭐 해요?

暇な時は普通何しますか。

B: 심심할 때는 영화 (보다   ) 최고예요.

暇な時は映画<u>観るのが</u>最高です。

Unit 02 신체와 건강 **019**

Column2 連体形2（過去形・未来形）

(1) 連体形過去：動-(으)ㄴ 名

　過去の動作を表す連体形は、動詞の語幹に「-ㄴ/은」をつけて作ります（形容詞・存在詞・名詞の連体形は「-던」を使用しますが、ここでは扱いません）。

	語幹に받침がない場合	語幹に받침がある場合
動詞	가+ㄴ 사람＝간 사람	먹+은 사과＝먹은 사과

● 어제 산 컴퓨터가 고장이 났어요.
　昨日買ったコンピューターが壊れました。

● 어제 본 영화, 꽤 재미있었어요.
　昨日見た映画、なかなか面白かったです。

A: 어제 먹은 요리 어땠어요?
　昨日食べた料理、どうでしたか。

B: 그냥 그랬어요.
　まあまあでした。

(2) 連体形未来：動-(으)ㄹ 名

　未来の動作を表す連体形は、動詞や存在詞の語幹に「-ㄹ/을」をつけて作ります。

	語幹に받침がない場合	語幹に받침がある場合
動詞	하+ㄹ 일＝할 일	먹+을 거＝먹을 거
있다/없다	×	있+을 시험＝있을 시험

● 바빠서 친구를 만날 시간도 없어요.
　忙しくて友達に会う時間もありません。

● 사람이 많아서 앉을 자리도 없어요.
　人が多くて座る席もありません。

● 내일 있을 회의를 준비하고 있어요.
　明日ある会議のために準備しています。

UNIT 03 여행과 교통

- 道路や交通手段、観光地の案内表示などでよく目にする語彙が理解できる。
- 交通手段の利用、旅行地でしたいことなどにつき、友達に尋ねて答えることができる。
- 案内表示、旅行の広告、旅行地の紹介文を読み、その内容が理解できる。

UNIT 03

1 この標識を見たことがありますか。どのような意味ですか。それぞれを結びなさい。

① ・ ・ 똑바로 가십시오. / 직진하십시오.

② ・ ・ 오른쪽으로 가십시오. / 우회전하십시오.

③ ・ ・ 왼쪽으로 가십시오. / 좌회전하십시오.

④ ・ ・ 여기에 주차해도 됩니다.

⑤ ・ ・ 여기에서 길을 건널 수 있습니다.

⑥ ・ ・ 여기에 주차하면 안 됩니다.

⑦ ・ ・ 여기에서 길을 건널 수 없습니다.

⑧ ・ ・ 휴대폰은 진동으로 설정하십시오.

⑨ ・ ・ 여기에는 노인이나 임산부, 몸이 불편한 사람만 앉을 수 있습니다.

⑩ ・ ・ 여기에서 5호선으로 갈아타십시오.

2 次は韓国の社会人を対象にしたアンケート調査の結果です。

① 잡코리아가 서울의 직장인 940명을 대상으로 출퇴근 시에 자주 이용하는 교통 수단을 조사한 결과, 버스와 지하철을 가장 많이 이용하는 것으로 나타났습니다.
② 지난 4월, 통계청에서는 직장인들이 출퇴근하는 데 걸리는 시간을 조사한 결과를 발표했습니다. 그 결과, 한국 직장인들은 출퇴근에 1시간 30분 정도를 사용하는 것으로 나타났습니다.
③ 같은 조사에서, 직장인들의 35%는 출퇴근 시에 '스마트폰을 본다'고 답하였고, 34.7%는 '아무 것도 안 한다', 26.1%는 '음악이나 라디오를 듣는다'고 답하였습니다. 4.2%는 '책이나 잡지를 본다'고 답하였습니다.

Speaking 皆さんはどうですか。そして、友達はどうですか。尋ねて答えてみましょう。

1 수원 화성 여행

1 友達とお互いの旅行経験について話してみましょう。

① 어디에 갔습니까?	☐산　　　　　☐바다　　　　　☐섬　　　　　☐성(고궁)
	☐박물관　　　　　　　☐동물원　　　　　　☐놀이공원
② 언제 갔습니까?	☐작년　　☐올해　　☐○주 전　　☐○달 전　　☐○년 전
③ 얼마 동안 갔습니까?	☐당일　　　　☐1박 2일　　　☐2박 3일
	☐3박 4일　　☐일주일 이상
④ 어떻게 갔습니까?	☐비행기로　　☐버스로　　☐배로　　☐기차로
	☐렌터카로　　☐자동차로　　☐자전거로
	☐도보로(걸어서)
⑤ 어디에서 묵었습니까?	☐민박　　　　　☐호텔　　　　　☐게스트하우스
	☐콘도　　　　　☐캠핑　　　　　☐친구 집/친척 집
⑥ 누구와 갔습니까?	☐친구하고　　☐가족하고　　☐혼자서
⑦ 거기에서 뭘 했습니까?	☐＿＿＿＿＿＿을/를 구경했습니다.
	☐＿＿＿＿＿＿을/를 먹었습니다.
	☐＿＿＿＿＿＿에 갔습니다.
	☐＿＿＿＿＿＿을/를 했습니다.
	☐＿＿＿＿＿＿을/를 샀습니다.
⑧ 어땠습니까?	☐재미있었습니다.　　　　☐그냥 그랬습니다.
	☐＿＿＿＿＿＿＿＿＿＿＿＿＿.
⑨ 다음에는 어디에 가고 싶습니까?	☐＿＿＿＿＿＿에 가고 싶습니다.
⑩ 거기에서 뭘 하고 싶습니까?	☐＿＿＿＿＿＿을/를 하고 싶습니다.

読む前に

🗨 インターネットで世界文化遺産「水原華城」に行く道を検索した結果です。検索結果を利用して、友達に「水原華城」に行く道を説明してみましょう。

🚗 **대중교통 이용 안내**

출발지	안내
사당역	사당역 4호선 4번 출구로 나와서 직행버스 7770번 탑승 → 경기일보 정류장 하차 → 일반 시내버스 27번, 62-1번 환승 → 화성행궁 정류장 하차 → 화성행궁 도착

🚗 승용차 이용 안내	
출발지	안내
수원IC (경부고속도로)	수원 방면으로 좌회전 후 1.1km 직진 → 수원 화성 박물관 방면으로 우회전 후 240m 직진 → 팔달문 로터리 → 화성행궁 도착

Reading　世界文化遺産「水原華城」に関する旅行商品広告です。

세계문화유산 수원 화성 100배 즐기기! 【서울/수원역 출발】 120,000원~

1박 2일 (왕복 교통비, 숙박비, 입장료, 여행자 보험 포함, 20명 이상 예매 시 20% 할인)

조선 시대의 전통과 문화를 이해하고 체험해 볼 수 있는 인기 코스!

　수원 화성은 조선 시대의 왕인 정조가 세운 성으로, 1997년 유네스코세계문화유산으로 지정되었습니다. 'CNN 선정, 한국에서 가 봐야 할 아름다운 50곳'과 '2012년 한국 관광의 별'로 선정되기도 하였습니다.

◎ **성 주변 걷기**
　수원 화성은 넓고 볼거리도 많습니다. 하나도 빼지 않고 모두 보려면, 계획을 잘 짜는 게 중요합니다.
　화성에서 빼놓을 수 없는 코스 하면, 바로 행궁길! 이곳에는 음식점과 전통 찻집이 모여 있어 잠시 쉬어 가기에도 아주 좋습니다.

◎ **야간 투어**
　화성을 걸으며 아름다운 야경과 전통 공연을 즐길 수 있는 기회. 1년 중, 봄과 여름에만 할 수 있는 체험입니다. 밝은 달빛과 풀 냄새에 마치 조선시대로 타임머신을 타고 온 듯한 기분이 들 것입니다. 예약은 필수!

2　次の各文が上記の内容と一致していれば○を、一致していなければ×を書きなさい。

① 화성 야간 투어는 일년 내내 할 수 있습니다. (　　)
② 타임머신을 타고 조선시대로 갈 수 있습니다. (　　)
③ 야간 투어는 예약을 해야만 참가할 수 있습니다. (　　)
④ 화성은 조선시대의 왕이 살던 곳입니다. (　　)

💬 日本の世界文化遺産にはどのような所がありますか。

文法と表現

1 動-(으)려면【〜しようと思ったら／〜するなら】

① 명동에 (가다 　　　　　　　　　) 다음 역에서 4호선으로 갈아타세요.

明洞に<u>行くなら</u>次の駅で4号線にお乗り換えください。

② 기차표를 (사다 　　　　　　　　) 어디로 가야 해요?

汽車のチケットを<u>買うなら</u>どこに行かなければなりませんか。

③ A: 오늘 중으로 일을 모두 (끝내다 　　　　　　　) 서둘러야 해요.

今日中に仕事を全て<u>終えるなら</u>急がなければなりません。

B: 네, 알겠어요.

はい、分かりました。

2 形・動-(으)며【〜しながら】

① 하나는 친구에게 (웃다 　　　　　　　　　) 인사를 했어요.

ハナは友達に<u>笑いながら</u>挨拶をしました。

② 어제는 (비를 맞다 　　　　　　　) 집까지 갔어요.

昨日は<u>雨に当たりながら</u>家まで行きました。

③ A: 요즘 뭐 (하다 　　　　　　　) 지내세요?

最近何<u>して</u>お過ごしですか。

B: 책을 (읽다 　　　　　　　) 지내고 있어요.

本を<u>読みながら</u>過ごしています。

3 形・動-(으)ㄴ/는/을 듯하다【〜した／〜している／〜する／〜なようだ】

① 우산을 쓴 사람이 많은 걸 보니까 밖에 비가 (오다 　　　　　　　).

傘を差した人が多いのを見ると外は雨が<u>降っているようです</u>。

② 내일부터는 날씨가 (좋다 　　　　　　).

明日からは天気が<u>よさそうです</u>。

③ A: 왜 이렇게 연락이 없었어요?

どうしてこんなに<u>連絡</u>がなかったのですか。

B: (바쁘시다 　　　　　　　) 연락을 못 드렸어요.

<u>お忙しそうだったので連絡</u>を差し上げられませんでした。

2 서울의 이곳 저곳

1 韓国旅行と関連した新聞記事の一部です。

올 한해 서울에서 외국인 관광객이 가장 많이 찾은 곳은?

- 2017년 서울을 방문한 여행객 중 세 명에 한 명은 중국인
- 명동을 가장 많이 방문(58.9%)
- 그 다음은 동대문시장(45.8%), 경복궁 등 고궁(31.6%), 남대문시장(26.5%), 남산·N서울타워(25.5%), 롯데월드(24.3%), 인사동(23.8%), 박물관·기념관(20.4%), 신촌·홍대 주변(19.6%), 이태원(17.5%) 등의 순이었다.

2 新聞記事を読んで、(　　)に入る適切な単語を書きなさい。

올 한해 서울에서 외국인 관광객들이 가장 많이 방문한 곳은 (①　　), 그 다음은
(②　　), (③　　) 등의 순이었다.

読む前に

ソウルに行ったら何をしたいですか。それをしようと思ったら、どこに行ったらいいでしょうか。

★ 예쁘고 싼 옷과 화장품, 액세서리를 구경하고 싶어요.　　　　　　　　→ **명동**
★ 사람 냄새가 나는, 그리고 맛있는 음식을 싸게 먹을 수 있는 곳에 가 보고 싶어요.
　　　　　　　　　　　　　　　　　　　　　　　　　　→ **광장시장 먹자골목**
★ 한국 젊은 사람들의 문화를 보고 느끼고 싶어요.　　　　　　　→ **대학로**
★ 한국의 역사도 알고 싶고 예쁜 사진도 많이 찍고 싶어요.　　　→ **경복궁**

Unit 03 여행과 교통　**025**

Reading　ソウルの観光地紹介の冊子に掲載されている内容です。

① **광장시장 먹자골목**: 지하철 종로5가역에서 내려서 9번 출구로 나오면 100년 역사를 자랑하는 광장시장이 있습니다. 시장에서도 가장 유명한 곳은 먹자골목입니다. 여기에서는 전, 육회, 마약김밥, 회, 비빔밥, 떡볶이 등, 싸고 다양한 (ⓐ)을 맛볼 수 있습니다. 만 원의 행복을 느끼고 싶다면, 광장시장 먹자골목에 꼭 한번 가 보세요.

② **대학로**: 대학로는 한국 젊은이들의 (ⓑ)를 맛볼 수 있는 곳입니다. 이곳에는 작은 극장들이 많아서 다양한 연극과 공연을 볼 수 있습니다. 또 아프리카 박물관도 있고, 외국 음식을 파는 식당도 많습니다. 주말에는 길에서 춤을 추거나 노래를 하는 사람들도 구경할 수 있습니다.

③ **명동**: (ⓒ)을 하고 싶다면 명동은 어떠세요? 명동은 일본 사람들에게 가장 인기 있는 곳 중 하나입니다. 특히 일본의 골든위크가 시작되면 명동은 더 바빠집니다. 신발, 옷, 액세서리까지 없는 게 없고, 모두 싼 가격에 즐길 수 있습니다. 그 중에서도 가장 인기 있는 쇼핑 장소는 화장품 매장. 노점에서 맛있는 음식들도 맛볼 수 있어 몇 번을 가도 질리지 않습니다.

④ **경복궁**: 대도시에서 한국의 옛 (ⓓ)을 만나는 경험을 할 수 있습니다. 근처에 박물관도 많고, '전통 문화의 거리'로 불리는 인사동도 있어서 외국인 관광객들이 많이 방문하는 곳입니다. 궁궐이 넓고 경치도 예뻐서 산책이나 사진 찍기에도 좋습니다. 머리도 쉬고 눈도 쉬고 싶다면, 이번 주말에는 경복궁에 한번 가 보시는 건 어떠세요? 한복을 입으면 공짜로 입장할 수도 있습니다.

3　ⓐ～ⓓに入る適切な表現（キーワード）を書きなさい。

Speaking　皆さんが住んでいる所にも上記のような所がありますか。あれば紹介してみましょう。

文法と表現

1 形・動-거나 形・動【～したり～】

① 쉬는 시간에는 커피를 (마시다   ) 담배를 피워요.
休憩時間にはコーヒーを<u>飲んだり</u>タバコを吸ったりします。

② 우울할 때 음악을 (듣다   ) 샤워를 하면 기분이 좋아져요.
寂しい時音楽を<u>聴いたり</u>、シャワーを浴びると気分がよくなります。

③ A: 주말에 보통 뭐 해요?
週末に普段何をしますか。

B: 주말에는 TV를 (보다   ) 낮잠을 자요.
週末にはテレビを<u>見たり</u>昼寝したりします。

2 動-는 게 어때요?【～するのはどうですか】

① 오늘 저녁에 (한잔하다   )?
今日の夕方に<u>一杯するのはどうですか</u>。

② 많이 아프면 약 말고 병원에 (가 보다   )?
そこまで具合が悪いのなら薬ではなく、<u>病院に行くのはどうですか</u>。

③ A: 피곤해 보이는데 좀 (쉬다   )?
お疲れのようですが、ちょっと<u>休むのはどうですか</u>。

B: 네, 그래야겠어요.
はい、そうしなければなさそうです。

3 形-다면 / 動-(으)ㄴ/는다면【～するなら】

① 영민 씨가 그 말을 (듣다   ) 정말 기뻐할 거예요.
ヨンミンさんがその言葉を<u>聞いたら</u>本当に嬉しく思うでしょう。

② 길이 (막히지 않다   ) 한 시간 정도 걸립니다.
道が<u>混んでいなければ</u>1時間くらいかかります。

③ A: 시험이 너무 걱정이에요.
試験がとても心配です。

B: 걱정 마. 열심히 (공부하다   ) 좋은 결과가 있을 거야.
心配しないで。一生懸命<u>勉強したなら</u>いい結果が出るよ。

Column3　文章の終結表現１：友達ことば・ため口（반말）①

　韓国語にも日本語のように、お互いの関係が対等であったり、親密な時に使うことばがあります。これを반말と言いますが、本書での説明では便宜上、ため口ということばを用います。「해요体」の「-아요/-어요/-해요」もしくは「-요」を抜くと簡単に作ることができます。名詞が先行する場合には、名詞の後ろに「(이)야」をつけます。疑問形の場合は「-아/어/해?」以外に「-니?」や「-냐?」を用いることもできます。

平叙・疑問	해요体		ため口（平叙）	ため口（疑問）		
				-아/어?	-니?	-냐?
좋다	(現)	좋아요.	좋아.	좋아?	좋니?	좋냐?
하다	(現)	해요.	해.	해?	하니?	하냐?
읽다	(過)	읽었어요.	읽었어.	읽었어?	읽었니?	읽었냐?
가다	(未)	갈 거예요.	갈 거야.	갈 거야?	갈 거니?	갈 거냐?
친구	(現)	친구예요.	친구야.	친구야?	친구니?	친구냐?

A: 오늘 바빠?　　　　　　　　　今日忙しい？
B: 응, 조금 바빠.　　　　　　　うん、ちょっと忙しい。
　 아니, 안 바빠.　　　　　　　いや、忙しくない。

A: 어제 뭐 했어?　　　　　　　昨日何した？
B: 친구 만났어.　　　　　　　　友達に会った。

A: 주말에 뭐 할 거야?　　　　　週末に何するつもり？
B: 그냥 집에 있을 거야.　　　　ただ（なんとなく）家にいるつもり。

A: 저 사람 누구야?　　　　　　あの人、誰？
B: 저 사람, 우리 형이야.　　　　あの人？　うちの兄さん。

UNIT 04 음식과 음료

- 食べ物、飲み物と関連した語彙を理解することができる。
- 好きな食べ物や食事のエチケット、一人ご飯につき、友達に尋ねて答えることができる。
- 飲食文化に関連した様々なテキストを読み、その内容を理解することができる。

UNIT 04

---

1 「食べ物／飲み物」関連の単語です。知っている単語にチェックをしなさい。

① 식사　□밥　□빵
② 고기　□소고기　□닭고기　□돼지고기
③ 과일　□배　□사과　□포도　□수박　□복숭아　□딸기
④ 야채　□무　□파　□양파　□배추　□고추　□마늘
　　　　□감자　□고구마
⑤ 생선　□(생선)회　□고등어　□오징어　□참치
⑥ 음료　□물　□우유　□콜라　□주스　□녹차　□커피
　　　　□술　□맥주　□소주

---

2 「食べ物」関連の単語です。知っている単語にチェックをしなさい。

⑦ 식사/요리　□국수　□김밥　□냉면　□비빔밥　□우동　□라면
　　　　　　□떡볶이　□갈비　□불고기　□삼겹살　□치킨
⑧ 반찬　□김　□파전　□김치　□나물
⑨ 국(탕/찌개)　□김치찌개　□된장찌개　□순두부찌개　□삼계탕　□갈비탕
　　　　　　　□미역국　□설렁탕

---

3 様々な「양념（調味料）」と「味」です。⑩「材料」とその⑪「味」を結びなさい。

⑩ □간장　□된장　□고추장　□식초　□설탕　□소금　□후추　□고춧가루

⑪ □짜다　□싱겁다　□맵다　□쓰다　□달다　□시다

Unit 04 음식과 음료　029

1 한국의 식사 예절

1 韓国の食事エチケットです。読んでみましょう。

① 식탁에서 코를 풀지 않습니다.
② 음식을 골고루 먹습니다.
③ 어른보다 먼저 숟가락을 들지 않습니다.
④ 식사 중에 음식 씹는 소리를 내지 않습니다.
⑤ 숟가락과 젓가락을 동시에 사용하지 않습니다.
⑥ 밥그릇이나 국그릇을 손에 들고 먹지 않습니다.
⑦ 입안에 음식이 있을 때에는 이야기하지 않습니다.
⑧ 어른이 식사를 끝낼 때까지 자리에서 일어나지 않습니다.
⑨ 기침이나 재채기가 날 때에는 얼굴을 옆으로 돌린 후 손으로 입을 가리고 합니다.
⑩ 국물이 있는 음식을 먼저 조금 먹고 나서 음식을 먹기 시작합니다.

- 日本の食事のエチケットと比べた後、同じであったり異なる点について話してみましょう。

- そのほか、皆さんが知っている世界の様々な国のエチケットがあれば紹介してみましょう。

読む前に

- 日本の食膳の方法（ご飯とおかずなどの位置）について説明してみましょう。

- 韓国で食卓の上にご飯とおかず、スープなどを並べる方法について知っていますか。

Reading　「韓国の食膳」に関するテキストです。

　사람마다 좋아하는 음식, 싫어하는 음식이 다릅니다. 마찬가지로, 나라마다 그 나라 사람들이 좋아하는 음식이 다릅니다. 식탁에서의 에티켓도 마찬가지입니다.
　한국에서는 식사를 할 때 숟가락과 젓가락을 모두 사용합니다. 숟가락은 밥과 국을 먹을 때 사용하고, 젓가락은 반찬, 특히 국물이 없는 반찬을 먹을 때 사용합니다.
　식사를 준비할 때, 밥과 국은 먹는 사람 앞의 가운데에 놓습니다. 이때 밥은 왼쪽, 국은 오른쪽에 놓습니다. 숟가락과 젓가락은 국의 오른쪽에 1자로 놓습니다. 찌개와 같이, 함께 먹는 반찬은 밥과 국의 앞에 놓습니다.
　밥을 먹을 때, 또 한 가지 지켜야 할 에티켓이 있습니다. 일본과 달리, 한국에서는 밥그릇과 국그릇을 손에 들고 먹으면 (　ⓐ　). 밥그릇과 국그릇을 식탁 위에 놓고 숟가락으로 먹어야 합니다.

2　ⓐに入る適切な表現を書きなさい。

3　テキストを読んで、韓国の食膳を並べてみましょう。

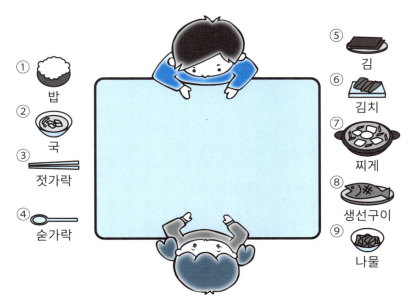

Speaking　そのほか、韓国の食事エチケットについて知っていることがあれば、話してみましょう。

文法と表現

1 名 마다【～ごと・～により・～の度】

① 저는 (   ) 운동을 해요.

私は毎日(日ごとに)運動をします。

② (   ) 성격이 다르다.

人によって性格が異なる。

③ A: 하나 씨는 (   ) 어디를 가세요?

ハナさんは毎週日曜日の朝どこへ行かれますか。

B: 저, 교회에 다니거든요. 그래서 (   ) 교회에 가요.

私、教会に通っているんですよ。それで毎週日曜日教会に行きます。

2 形 動 -(으)면 안 되다【～してはいけない】

① 실내에서 (담배를 피우다   ).

室内でタバコを吸ってはいけないです。

② 쓰레기를 아무 데나 (버리다   ).

ゴミをところ嫌わず捨てたらだめです。

③ A: 선생님, 이거 (이렇게 하면 안 되다   )?

先生、これこのようにしてはいけませんか。

B: 괜찮아요. 그렇게 해도 돼요.

大丈夫です。そのようにしてもいいです。

3 名 와/과 달리【～と違って・～と異なり】

① 형과 (   ) 저는 농구를 잘합니다.

兄と違って私はバスケットが上手です。

② (   ) 한국 사람들은 생일날에 미역국을 먹습니다.

日本人とは違って韓国人は誕生日にわかめスープを飲みます。

③ A: 어제 축구 경기, 어떻게 됐어요?

昨日のサッカー試合、どうなりましたか。

B: (   ) 한국팀이 이겼어요.

予想と違って韓国チームが勝ちました。

032

2 한국의 최신 트렌드 : 혼밥

1 次の文章は外国人を対象にしたアンケート調査の結果です。

(1) 서울의 한 대학에서 외국인 유학생들을 대상으로 '@(   )'을 묻는 설문 조사를 실시했습니다. 조사 결과, 32%의 학생들이 치맥이라고 대답했습니다. 그 다음은 비빔밥이 23%, 불고기가 18.6%였습니다. 그 밖에도, 유학생들은 삼겹살 (14.2%), 떡볶이 (8.8%), 파전 (6.6%), 삼계탕 (4.3%) 을 좋아한다고 답했습니다. (2014, 경희대학교 국제교육원)

(2) 또 다른 조사에서, 'ⓑ(   )'을 묻는 질문에는 라면이 1위 (41%), 불고기가 2위 (20%), 치맥이 3위 (17%), 김치가 4위 (14%), 김이 5위 (8%) 로 나타났습니다. (2014, 경희대학교 국제교육원)

(3) 한국관광공사는 지난달 3일부터 이번 달 8일까지 페이스북을 통해 일본인 8만 명을 대상으로 'ⓒ(   )'를 묻는 설문 조사를 실시하였습니다. 조사 결과, 김밥이 1위를 차지하였습니다. 2위는 닭강정, 3위는 호떡, 4위는 계란빵, 5위는 빈대떡, 6위는 떡볶이였습니다. (2016, 한국관광공사)

※ B급 구루메(B級グルメ): 일본에서 싼 가격으로 길거리 등에서 쉽게 먹을 수 있는 대중 음식

2 @、ⓑ、ⓒにそれぞれ入るアンケートのタイトルは何でしょうか。次のものから選びましょう。

① 가장 좋아하는 한국 음식 (   )
② 가장 좋아하는 한국의 B급 구루메 (   )
③ 고향에 돌아갈 때 가지고 가고 싶은 한국 음식 (   )

読む前に

皆さんは「一人で」ご飯を食べたり、映画を見ることが好きですか。読む前に皆さんの「一人～」のレベルを測ってみましょう。

- 1단계: 편의점에서 혼자 먹기
- 2단계: 학생 식당에서 혼자 먹기
- 3단계: 패스트푸드점에서 혼자 먹기
- 4단계: 분식집에서 혼자 먹기
- 5단계: 중국집 등에서 혼자 먹기
- 6단계: 맛집에서 혼자 먹기
- 7단계: 패밀리 레스토랑에서 스파게티, 피자 등 혼자 먹기
- 8단계: 고깃집, 횟집에서 혼자 먹기
- 9단계: 술집에서 혼자 술 마시기
- 10단계~: ?

UNIT 04

Unit 04 음식과 음료

Reading 最近のトレンドの一つ、「一人ご飯（혼밥）」文化を扱った記事の一部です。

"혼자 먹어도 맛있어!"
혼밥족의 관심 메뉴는 '도시락'과 '고기'

　혼밥은 '혼자서 먹는 밥', 또는 '혼자 밥 먹는'이라는 뜻이다. 최근 혼자서 밥을 먹는 사람들이 늘어나면서 생긴 신조어이다. 식당에서 혼자 밥 먹는 사람들은 '혼밥족'이라고 부른다.

　최근 닐슨코리아가 혼밥의 실태를 조사하기 위해, 혼밥과 관련된 국내 온라인의 빅데이터를 분석한 결과를 발표하였다.

혼밥족들의 관심 메뉴 1위는 '도시락'

　혼밥과 관련된 '음식 키워드'를 분석한 결과, '도시락'의 버즈량이 가장 많았고, 그 다음은 '고기', '라면', '샐러드', '치킨' 등의 순이었다. 혼자 먹기 간편하고 가격도 싼 '도시락', '라면' 외에, 혼자 먹기에는 조금 부담스러운 메뉴인 '고기'가 2위인 것이 눈길을 끈다.

"혼자 먹어도 맛있어!"

　혼밥과 관련된 '감정 키워드'를 분석한 결과에서는, '맛있다'의 버즈량이 가장 많았고, 그 다음은 '괜찮다', '편하다', '힘들다', '행복하다', '귀찮다', '외롭다' 등의 순이었다. 이 결과를 통해, 혼밥과 관련하여 많은 사람들이 긍정적으로 생각하고 있음을 알 수 있다.

　혼밥 외에도 혼술 (혼자서 술을 마시는 것), 혼영 (혼자서 영화를 보는 것)과 같은 단어들도 많이 사용되고 있는 것으로 나타났다. 닐슨코리아는 최근 '1인 가구'가 늘어난 것이 '혼자' 문화가 증가한 가장 큰 원인으로 보인다고 분석하였다.

※버즈량: 어떤 주제어에 대해서 온라인상에서 언급된 횟수

(2016. 닐슨코리아)

3 혼밥、혼밥족、혼술、혼영はそれぞれ何を意味していますか。

Speaking 筆者は最近韓国で一人ご飯族が増えている理由がどこにあると考えていますか。

Speaking 皆さんは一人ご飯についてどのように考えますか。一人ご飯に対するイメージはどうですか。どのような単語が頭に浮かんできますか。

文法と表現

1 形・動 -(으)면서 【～しながら・～でありながら】

① 저는 음악을 (듣다　　　　　　　　) 공부하는 걸 좋아해요.
私は音楽を聴きながら勉強することが好きです。

② 이 과일은 값도 (싸다　　　　　　　　) 맛도 정말 좋아요.
この果物は値段も安くてとても美味しいです。

③ A: 그 사람이 (웃다　　　　　　　) 제게 말했어요. 저를 좋아한다고요.
あの人が笑いながら私に言いました。私のことが好きだって。

　 B: 그래요? 기분이 어땠어요?
そうですか。どんな気持ちでしたか。

2 名을/를 위해(서) [위하여]/위한 【～のために／のための】

① 건강을 (　　　　　　　) 매일 조금씩 운동하세요.
健康のために毎日少しずつ運動してください。

② 이것은 외국인을 (　　　　　　　) 한국어 문법책이에요.
これは外国人のための韓国語の文法書です。

③ A: 요즘 어떻게 지내세요?
最近どのように過ごしていますか。

　 B: 취직 시험 준비를 (　　　　　　　) 매일 도서관에 다녀요.
就職試験の準備のため毎日図書館に通っています。

3 名을/를 통해(서) [통하여] 【～を通して・～を通じて】

① 책을 (　　　　　　　) 우리는 지식을 얻습니다.
本を通して私たちは知識を得ています。

② 저는 인터넷을 (　　　　　　　) 주로 물건을 사요.
私はインターネットを通じて主に物を買います。

③ A: 제가 여기에 있다는 거, 어떻게 아셨어요?
私がここにいること、どうやって分かったんですか。

　 B: 영민 씨를 (　　　　　　　) 들었어요.
ヨンミンさんを通じて聞きました。

UNIT 04

Unit 04 음식과 음료　　035

Column4　　文章の終結表現2：友達ことば・ため口（反말）②

　　勧誘形と命令形のため口も、「해요体」の語尾「-아요/어요/해요」から「-요」を抜いて作ることができます。　勧誘形の場合は語幹に「-자」、命令形の場合は語幹に「-(어)라」をつけて作ることもできます。

	해요体	ため口	
	命令／勧誘	命令	勧誘
하다	해요.	해/해라.	해/하자.
읽다	읽어요.	읽어/읽어라.	읽어/읽자.
가다	가요.	가/가라.	가/가자.
가지 말다	가지 마(세)요.	가지 마/가지 마라.	가지 말자.

A: 앞으로는 거짓말하지 마.　　これからは嘘いわないでね。
B: 저, 정말 거짓말 안 했어요.　　私、本当に嘘なんか言っていません。

A: 하나야, 잊지 말고 아침 꼭 먹어라.
　　ハナ、忘れずに朝ご飯をしっかり食べてね。
B: 네, 엄마. 걱정하지 마세요.
　　はい、ママ。心配しないでください。

A: 내일 늦지 마.　　明日、遅れないでね。
B: 그래, 안 늦을게. 걱정 마.　　うん、遅れないよ。心配しないで。

A: 내일 영화 보러 가자.　　明日映画見に行こう。
B: 그래, 가자.　　うん、行こう。

A: 우리 이제 만나지 말자.　　私たち、これから会うのをやめよう。
B: 왜 그래? 무슨 일 있었어?　　どうしたの。何かあったの。

UNIT 05 일과 직업

- 職業関連の語彙を理解することができる。
- 職業と関連した多様なテキスト（求人広告、就職成功談、ニュース報道の記事）を読み、その内容を理解することができる。

1 次の内容は韓国の小学生と中学生が将来の希望する職業と両親が希望する子どもの職業を比べたものです。二つのグラフの共通点や違いを話してみましょう。

◎ 초·중생 희망 직업

순위	초등학생	중학생
①	선생님	선생님
②	운동선수	경찰
③	의사	의사
④	요리사	운동선수
⑤	경찰	군인

◎ 부모가 희망하는 미래의 자녀 직업

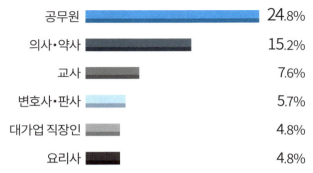

（2016, 교육부, 한국직업능력개발원）（2016, 잡코리아 & 알바몬）

🗨️ 小学校や中学校の時、皆さんは将来何になりたかったですか。両親が希望する職業は何でしたか。

🗨️ 今、日本ではどのような職業に人気がありますか。

2 次の文章は新聞のコラム（「私に合った職業を探すための3つの選択基準」）の一部です。皆さんの職業選択基準は何ですか。この基準に当てはまる職業にはどのようなものがあり、長所や短所は何であると考えますか。

직업을 선택하는 것은 어려운 일이다. 다양한 직업 중에서 어떤 직업을 선택해야 할지 고민이 된다. 직업 선택을 두고 고민하는 이들에게 세 가지 기준을 제시한다.
- 머리 쓸래, 몸 쓸래?
- 같이 할래, 혼자 할래?
- 돈 볼래, 흥미(보람) 볼래?　　　（2012, 김상호 박사의 '톡 까놓고 진로 톡', 한겨레신문）

1 직업의 선택

1 次は日刊紙に掲載された求人広告です。さらに必要な情報がありますか。

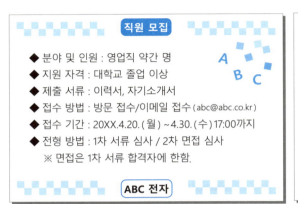

読む前に

皆さんは社会で成功するために何が必要だと考えますか。なぜそのように考えますか。

① 노력　　② 재능　　③ 운과 기회　　④ 출신 학교　　⑤ 부모의 직업

卒業後、どこに就職したいですか。就職のためにどのような準備をしていますか。職業を選択する時、最も重要だと考えることは何ですか。

① 적성　　② 수입　　③ 직장 분위기　　④ 근무 조건　　⑤ 승진 기회
⑥ 개인의 발전　　⑦ 직업의 안정성

Reading　大学の新聞に掲載された韓国の会社に就職した先輩のアドバイスです。

나는 이렇게 해서 취직에 성공했다.

① 여성/일본/24세 (○○백화점 영업팀)

　　올해 3월부터 백화점에서 일하고 있어요. 백화점의 경우, 한국 문화에 대한 이해와 지식, 그리고 경험이 아주 중요한 것 같아요. 문화에 대한 이해와 경험은 하루 아침에 배울 수 없으니 일찍부터 준비를 하는 게 좋아요. 한국 문화를 이해하면 직장 상사나 동료와도 빨리 친해질 수 있고, 직장 생활에도 빨리 적응할 수 있다는 장점도 있어요!

② 남성/한국/29세 (○○전자 마케팅팀)

　　취직 활동을 시작하기 전에 기업이 무엇을 원하는지를 아는 게 중요해요. 제 경우, 도서관이나 인터넷에서 자료를 검색하거나 취업 세미나 등에 참가해서 기업을 꾸준히 연구하고 분석한 것이 큰 도움이 되었어요.

③ 남성/중국/28세 (○○텔레콤 생산기획팀)

　　저의 경우, 한국어 면접이 꽤 어려웠어요. 그래서 한국 회사에 취업하려면 한국어를 열심히 공부하는 것이 중요하다고 생각해요. 그리고 취업 준비는 가능하면 빨리 시작할수록 좋아요. 참, 면접 시험에서는 한국 유학 경험과 아르바이트 경험에 대해서 물어봤어요.

④ 여성/필리핀/24세 (○○은행)

　　해외 연수나 외국어 점수 등과 같은 스펙도 중요하겠지만, 저는 다양한 사회 경험을 쌓는 것이 더 중요한 것 같아요. 경험을 통해서 자신이 잘하는 일과 좋아하는 일, 그리고 그 일을 위해 지금 내가 해야 할 일과 준비해야 할 것이 무엇인지 고민했으면 좋겠어요.

⑤ 남성/중국/28세 (㈜○○중공업 연구 개발실)

　　지금 다니는 회사에 취직하기 전에 서류나 면접 시험에서 수십 번이나 떨어졌어요. 떨어질 때마다 포기할까 생각도 했어요. 하지만 지원자들이 능력이 부족해서 취업이 안 되는 것은 아니잖아요. 자기 자신을 믿고, 포기하지 말고 계속 도전했으면 좋겠습니다.

就職活動をする時、必要なことにどのようなことがありますか。上記の各アドバイスからキーワードを一つずつ探して話してみましょう。

皆さんの役に立つアドバイスがありますか。なぜそのように考えますか。

文法と表現

1 形-(으)ㄴ 것 같다/動-(으)ㄴ/는/(으)ㄹ 것 같다【～な/～した/～している/～するようだ】

① 밖에 비가 (오다   ).

外は雨が<u>降っているようです</u>。

② 하나 씨 요즘 많이 (바쁘다   ). 얼굴 보기도 힘들어요.

ハナさんは最近とても<u>忙しいようです</u>。顔を見るのも難しいですね。

③ A: 거기 날씨는 어때요?

　　そこの天気はどうですか。

　 B: 하늘을 보니까 오후에는 비가 (오다   ).

　　空を見ると午後は雨が<u>降りそうです</u>。

2 形-(으)ㄴ 지·動-는지 알다[모르다]【～か（どうか）知っている／分からない】

① 하나 씨가 오늘 왜 학교에 (안 오다   ) 알아요?

ハナさんが今日どうして学校に<u>来ていないか</u>知っていますか。

② 오늘이 (무슨 날이다   ) 알아요?

今日が<u>何の日か</u>分かりますか。

③ A: 혹시 하나 씨 어디에 (살다   )?

　　もしかしてハナさんがどこに<u>住んでいるか</u>知っていますか。

　 B: 아뇨, 몰라요.

　　いいえ、知りません。

3 形·動-(으)면 形·動-(으)ㄹ수록 【～であればあるほど】

① 친구는 (많다   ) 좋아요.

友達は<u>多ければ多いほど</u>いいです。

② 물은 많이 (마시다   ) 건강에 좋아요.

水はたくさん<u>飲むほど</u>健康にいいです。

③ A: 지난번에 소개팅한 사람, 어때요?

　　この前紹介された人、どうですか。

　 B: 처음에는 별로였는데 (만나다   ) 마음에 들어요.

　　最初はそれほどではなかったんですが、<u>会うほど</u>気に入っています。

040

2 직장인의 자기 계발

1 次の文章は、社会人の自己啓発というタイトルのインタビュー記事を読んだ感想です。

❶ 회사 생활을 하면서 외국어 실력이 중요하다는 것을 많이 느낍니다. 그래서 1주에 두 번, 출근 전에 영어 학원에서 영어를 배우고 있습니다. 짧은 시간이지만 집중해서 공부할 수 있어서 좋은 것 같아요. (27세, ○○전자 영업부 대리)

❷ 저는 특별히 학원을 다니거나 하지는 않아요. 대신, 출근 전 30분 정도, 신문을 꼼꼼하게 읽고 있습니다. (34세, ○○통신 기획부 과장)

❸ 나이도 40대 중반이고, 회식도 많은 편이라서 늘 건강이 걱정이었어요. 바빠서 따로 운동할 시간을 내기는 어렵고. 그래서 지난달부터 출퇴근할 때 자가용 대신 자전거를 타기 시작했습니다. 처음에는 많이 힘들었는데 길도 막히지 않고, 또 아침, 저녁 시원한 공기를 마실 수 있어서 스트레스도 풀리고, 아주 잘한 것 같아요. (46세, ○○무역 부장)

UNIT 05

読む前に

💬 皆さんは学科の勉強や現在している仕事のほかに自己啓発のために何をしたいですか。

💬 学科の勉強や、現在している仕事のほかに自己啓発のため特別にしていることがありますか。

Reading 「20××年韓国の社会人探求」というテレビプログラムの一部です。

직장인들은 퇴근 후 저녁 시간에 무엇을 가장 하고 싶어 할까요?

조사 결과, 직장인들은 퇴근 후 자기 계발을 가장 하고 싶다고 답했습니다. 지난주 취업포털 커리어가 국내 대기업 및 중소 기업에 다니는 직장인 347명을 대상으로 설문 조사를 한 결과를 발표했는데요. '퇴근 후 저녁 시간에 하고 싶은 일을 하고 있습니까?'는 질문에 54.5%가 '아니다'라고 답했습니다.

직장인들은 퇴근 후 자기 계발을 가장 하고 싶어 하지만, 실제로는 정시 퇴근이 어렵거나 회사 생활의 피로 때문에 실행하지 못하고 있다는 것을 알 수 있었습니다.

좀 더 구체적으로 살펴 보면, '퇴근이 늦어서'가 62.4%로 가장 많았고, 그 다음은 '피곤해서'가 56.6%, '돈이 없어서'가 29.6%이었습니다. '시간을 내기 힘들어서', '퇴근 후에는 집안일을 해야 하기 때문에', '만날 친구가 없어서', '투잡을 하고 있어서'라고 답한 직장인도 있었습니다.

　'퇴근 후 하고 싶은 일은 무엇입니까?'라는 질문에는 응답자의 60.5%가 '학원 수강 등 자기 계발'이라고 대답하였습니다. '영화 관람 등 취미 생활'이라고 답한 직장인은 47.3%, '집에서 혼자 휴식'이라고 답한 사람은 45.5%이었습니다. 그 외에, '가족과의 시간', '친구, 학교 선후배 모임', '직장 동료들과 술자리', '비즈니스 미팅' 등이 있었습니다.

　반면, '실제 퇴근 시간 후에 가장 많이 하고 있는 일' (복수응답) 은 '집에서 혼자 휴식'이 42.4%로 가장 많았습니다. 그 외에, '회사에서 야근'이 33.1%, '가족과 같이 시간을 보낸다'가 22.2%, '직장 동료들과 술자리'가 20.5%, '학원 수강 등 자기 계발'이 14.1%, '영화 관람 등 취미 생활'이 8.9%, '친구·학교 선후배 모임'이 6.9%이었습니다.

　지금까지 MBS 뉴스 특별 기획, '20XX년 한국 직장인 탐구'의 김하나였습니다.

(2014, www.career.co.kr. 커리어넷)

2 次の各文が上記の内容と一致していれば○を、一致していなければ×を書きなさい。

① 직장인들은 퇴근 후에 자신이 하고 싶어 하는 일을 하고 있다. (　　)
② 직장인들은 퇴근 후에 자기 계발을 가장 하고 싶어 한다. (　　)
③ 직장인들은 늦은 퇴근 시간과 피곤함 때문에 자기 계발을 포기하고 있다. (　　)
④ 퇴근 후에 자기 계발을 하는 직장인들보다 집에서 쉬는 사람이 더 많다. (　　)

3 社会人が「退勤後、最もしたいこと」は何ですか。

_____

_____

4 社会人が自己啓発ができない理由はどこにありますか。

_____

_____

5 実際に社会人が退勤後に最もたくさんしていることは何ですか。

_____

_____

Speaking 日本の社会人の事情はどうですか。

文法と表現

1 形-(으)ㄴ데요/動-는데요【～んですが】

① 기억이 잘 (안 나다   ).
　よく覚えていないんですが。
② 이 케이크, 아주 (맛있다   ).
　このケーキ、とてもおいしいんですが。
③ A: 선생님, 저, 질문이 하나 (있다   ).
　　先生、あの、質問が一つあるんですが。
　B: 뭔데요? 말해 보세요.
　　何ですか。話してみてください。

2 名(이) 라고 하다 [말하다/답하다]【～と言う／話す／答える】

① 저는 (김하나이다   ).
　私は金ハナと言います。
② 리고는 한국어로 (사과이다   ).
　リンゴは韓国語で사과と言います。
③ A: 영민 씨가 (무엇이다   )?
　　ヨンミンさんが何と言いましたか。
　B: '가기 싫다' 라고 말했어요.
　　「行きたくない」と言いました。

3 形・動-기 때문에 [-기 때문이다]【～なので／～なためである】

① 한국의 여름은 (덥다   ) 짧은 옷이 필요합니다.
　韓国の夏は暑いので短い服が必要です。
② 요즘 날씨가 (춥다   ) 감기에 잘 걸려요.
　最近天気が寒いので風邪によくかかります。
③ A: 한국 음식, 잘 먹어요?
　　韓国の食べ物をよく食べますか。
　B: 아뇨, 저는 매운 걸 (못 먹다   ) 한국 음식은 별로 안 좋아해요.
　　いいえ、私は辛いものが食べられないので韓国料理はあまり好きではありません。

Unit 05 일과 직업　**043**

Column 5 文章の終結表現3：下称形

日本語の「〜だ」、「〜である」のように、新聞や雑誌、論説文、小説の地の文などで、事件や事実を述べるとき主に用いられます。話し言葉で、ため口や独り言として用いられることもたまにあります。

	語幹に受けがない場合		語幹に受けがある場合	
形	예쁘다	(現) 예쁘다	어렵다	(現) 어렵다
		(過) 예뻤다		(過) 어려웠다
		(未) 예쁠 것이다		(未) 어려울 것이다
動	가다	(現) 간다	먹다	(現) 먹는다
		(過) 갔다		(過) 먹었다
		(未) 갈 것이다		(未) 먹을 것이다
名	학교	(現) 학교(이)다	학생	(現) 학생이다
		(過) 학교이었다		(過) 학생이었다
		(未) 학교일 것이다		(未) 학생일 것이다

● 여기는 내가 졸업한 학교다.
　ここは私が卒業した学校である。

● 2년 전, 나는 학생이었다.
　2年前、私は学生だった。

● 하나 씨는 참 예쁘다.
　ハナさんはとても綺麗だ。

● 어제는 너무 더웠다.
　昨日は暑すぎた。

● 수업은 9시부터 시작한다.
　授業は9時から始まる。

● 여름에는 냉면을 많이 먹는다.
　夏には冷麺をよく食べる。

● 내일은 비가 많이 올 것이다.
　明日は雨がたくさん降ると思う。

UNIT 06 집과 주거 환경

- 家の構造と生活用品に関する単語を理解することができる。
- 住みたい家や住居環境について自身の意見を言うことができる。
- 広告と記事を読み、その内容を理解することができる。

1 皆さんは今、どのような家に住んでいますか。長所と短所は何ですか。

□기숙사　　　　□맨션(아파트)　　　　□단독 주택　　　　□원룸　　　　□오피스텔

2 どのような家に住みたいですか。チェックした後、その理由を話してみましょう（複数回答可能）。

① 어디에서 살고 싶습니까?	□도시	□시골	□바닷가
	□섬	□산	□기타(　　)
	□아파트	□단독 주택	
	□원룸	□한옥	□기타(　　)
② 어떤 곳에서 살고 싶습니까?	□교통이 편리한 곳		
	□마트나 편의점, 시장에서 가까운 곳		
	□은행, 병원, 시청 등이 가까운 곳		
	□근처에 공원이 있는 곳		
	□역이나 정류장이 가까운 곳		
	□학교나 직장에서 가까운 곳		
	□조용하고 공기가 맑은 곳		
	□정원이나 마당이 있는 곳		
	□번화한 곳		
③ 어떤 집에서 살고 싶습니까?	□방이 많은 집		
	□거실이 넓은 집		
	□욕실/화장실이 두 개 이상 있는 집		
	□창문이 많은 집		
	□주차장이 있는 집		
	□애완동물을 키울 수 있는 집		

1 살고 싶은 집

1 次の図は韓国のあるマンションの見取り図です。____に入る適切な単語を書きなさい。

① _____ : 잠을 자는 곳입니다. 여기에는 이불, 베개, 침대 등이 있습니다.
② _____ : 세수를 하거나 샤워를 하는 곳입니다.
③ _____ : 신발이나 우산 등을 두는 곳입니다.
④ _____ : 식사를 준비하거나 식사를 하는 곳입니다.
⑤ _____ : 가족들이 모여 TV를 보거나 이야기를 나누는 곳입니다.

読む前に

ドラマ「冬のソナタ」の一部分です。テキストを読んで、皆さんの考えを話してみましょう。

민형: "유진 씨는 결혼하면 어떤 집에서 살고 싶어요?"
유진: "그런 거 생각 안 해 봤어요."
민형: "이상하네. 사랑하는 사람이 생기면 이런 집에서 살고 싶다, 침실은 어떻고 현관은 어떻고 주방은 어떻고…. 이런 거 생각하지 않나요?"
유진: "글쎄요. 정말 사랑한다면 그런 건 별로 중요하지 않은 거 같아요."
민형: "그럼 뭐가 중요한데요?"
유진: "외형적인 집은 문제가 안 된다고 봐요. 사랑하는 사람에게는 서로의 마음이 제일 좋은 집이잖아요."

Reading

ある会社でネットユーザーを対象に「住みたい家、私が夢見る家」に関するコメントのイベントを実施しました。

사람마다 집에 대한 생각과 바람이 다르다. 어떤 사람에게 집은 휴식과 재충전의 공간일 것이고, 또 어떤 사람에게는 무언가를 생산하는 공간일 수 있다. 네티즌들이 평소 생각하고 꿈꿔 왔던 집은 어떤 모습일까?

2월 댓글 이벤트

살고 싶은 집, 내가 꿈꾸는 집??

else85	지금 원룸에 살아서 ㅠㅠ 투룸에서 살고 싶어요.	댓글
kimc5848	꽃을 좋아해요. 꽃을 키울 수 있는 작은 정원이 있는 집이었으면 좋겠어요.	댓글
beautiful	꼭대기 층에서 서울의 야경을 보며 살고 싶어요~~	댓글
kind2424	겨울엔 따뜻하고 여름엔 시원한 집이요! 지금 사는 집은 겨울에 춥고 여름엔 더워서…흑흑	댓글
dsfko48	마당이 넓어서 꽃도 키우고 야채도 키우고 강아지도 키울 수 있는 집에서 살고 싶어요!	댓글
dfjf65	↳ 정말 멋진 생각이에요!!!	댓글
pasf49	집값이 너무 비싸요. 좀 더 싼 집에서 살고 싶어요.	댓글
deklf56	사랑하는 아내와 건강한 아이들, 그리고 개 한 마리…	댓글
dfjf65	↳ 저도 개 너무 좋아해요!!!	댓글
LeeMY	어릴 때부터 아파트에서만 살아서 시골의 단독주택에서 한번 살아 보고 싶어요.	댓글
Ofgo	가족과 함께 복잡한 도시를 떠나 조용한 시골에서 살고 싶어요~	댓글
aris5848	제가 꿈꾸는 집은 따뜻한 온돌방과 넓은 마당, 작은 수영장이 있는 이층집이에요.	댓글
pjal005	외국에서 살고 싶어요. 프랑스에서 여유와 낭만을 즐기면서!!	댓글
wjsthgp	바다가 보이는 작은 팬션에서 살고 싶어요!!	댓글
abc	거실이 좀 넓었으면 좋겠어요.	댓글
sock95	사랑하는 사람과 함께 살 수 있는 행복한 집, 그런 집에서 살고 싶어요!!	댓글

UNIT 06

🗨 上記のテキストで皆さんが好きなキーワードを選んだ後、話してみましょう。

🗨 皆さんも上記のイベントにコメントを残してみましょう。

_____

_____

文法と表現

1 形・動-(으)ㄹ 것이다【～だろう】

① 올해는 날씨가 (덥다   ).

今年は天気(天候)が<u>暑いでしょう</u>。

② 다 (잘되다   ). 그러니까 너무 걱정하지 마세요.

全て<u>うまくいくでしょう</u>。だからあまり心配しないでください。

③ A: 영민 씨, 하나 씨 지금 뭐 해요?

ヨンミンさん、ハナさん今、何していますか。

B: 아마 집에서 (자고 있다   ). 어제 늦게까지 일했거든요.

たぶん家で<u>寝ていると思います</u>。昨日遅くまで働いていたんですよ。

2 形・動-았/었으면 (좋겠다)【～だったらいいと思う】

① 빨리 방학을 (하다   ).

早く(長期)休みに<u>なればいいと思う</u>。

② 중간 시험이 좀 (쉽다   ).

中間試験が<u>やさしければと思います</u>。

③ A: 요즘 바라는 게 하나 있다면?

最近願っていることが一つあるとすれば？

B: 빨리 남자 친구가 (생기다   ).

早く彼氏が<u>できればと思います</u>。

3 形・動-던【～していた】

① 이거 제가 (쓰다   ) 컴퓨터인데 하나 씨 드릴게요.

これ、私が<u>使っていた</u>パソコンですが、ハナさんに差し上げます。

② 여긴 학생 때 제가 자주 (다니다   ) 카페예요.

ここは学生の時、私がしょっちゅう<u>通っていた</u>カフェです。

③ A: 하나 씨, 조금 전에 제가 (읽다   ) 책, 못 봤어요?

ハナさん、さっき私が<u>読んでいた</u>本、見なかったですか。

B: 못 봤는데요. 거기 책상 위에 없어요?

見ていません。そこの机の上にありませんか。

048

2　새로운 주거 트렌드 : 셰어 하우스

1 「家電製品および生活用品」に関連した単語です。知っている単語にチェックしてみましょう。

☐냉장고	☐전화	☐텔레비전	☐에어컨	☐세탁기	☐시계	☐책장
☐침대	☐식탁	☐책상	☐그림	☐가구	☐거울	☐휴지통	☐비누
☐치약	☐칫솔	☐휴지

2 上記❶の生活用品はどこにありますか。または上記の用品をどこに置きたいですか。下の表に並べてみましょう。

거실	부엌/주방	침실	화장실/욕실	베란다	기타

読む前に

皆さんは来年、韓国に留学に行こうと思っています。下の部屋や家のうちどのような部屋を希望しますか。その理由は何ですか。

シェアハウスという言葉を聞いたことがありますか。シェアハウスについてどのように考えますか。長所と短所は何であると思いますか。

Reading 〈Trend Insight〉という雑誌で最近話題になっている「シェアハウス」に関する記事が掲載されました。

Trend Insight　「싼 게 좋다」「재미있는 게 좋다」「함께가 좋다」

늘어나는 셰어 하우스, 주거비도 아끼고 친구도 사귑니다.

　최근 '카 셰어링 (Car Sharing)', '소셜 네트워크 서비스 (SNS)' 등, '공유' 를 통해 심플하게 살고 싶다는 사람들이 늘고 있습니다. '셰어 하우스' 도 TV와 드라마, 신문, 잡지 등에 소개되면서 국내에서 많은 주목을 받고 있습니다.

　셰어 하우스란, 방은 '따로', 거실이나 부엌 등은 다른 사람과 '같이' 사용하는 주거 형태를 말합니다. 가격은 원룸이나 오피스텔에 비해 조금 싸거나 조금 비싼 편이고, 텔레비전, 세탁기, 냉장고, 에어컨 등은 물론, 책상이나 책장, 테이블과 같은 가구까지 갖추고 있는 경우가 많습니다. 그 때문에 일찍부터 외국인 유학생들에게 인기가 있었지만, 최근에는 서울을 중심으로 다양한 직업과 연령층으로 확대되고 있습니다.

　이처럼 셰어하우스가 인기를 끄는 이유는 싼 가격, 그리고 무엇보다 다른 사람과 함께하고 싶어 하는 사람이 늘고 있기 때문으로 여겨집니다. 제가 아는 한 직장인은 가족, 친구와 떨어져 혼자 사는 동안, 회사 동료를 제외하고는 한 마디도 하지 않은 날도 많았다고 합니다. 그러나 셰어 하우스에서는 퇴근해서 돌아오면, '다녀오셨어요?' 라고 말해 주는 사람이 있어서 좋다고 합니다. 또 다른 사람과 이야기하고 싶을 때는 자기 방에서 나와 거실로 가면 되고, 혼자 있고 싶을 때는 자기 방으로 들어가면 되는 것도 좋은 점이라고 말합니다.

　물론 단점도 있습니다. 수십 년을 다른 환경에서 살아온 사람들이 같은 집에서 함께 사는데 문제가 없을 수는 없겠지요. 그렇지만 관심이 가는 새로운 주거 형태임에는 틀림이 없는 것 같습니다.

---

③ シェアハウスとは何ですか。

④ 次の各文が上記の内容と一致していれば○を、一致していなければ×を書きなさい。

① 셰어하우스는 원룸이나 오피스텔에 비해 가격이 조금 비싼 편이다. (　　)
② 셰어하우스는 가구 등 생활 용품을 갖추고 있는 경우가 많다. (　　)
③ 현재 셰어하우스는 다양한 직업과 연령층의 사람들에게 인기를 얻고 있다. (　　)
④ 셰어하우스가 인기가 많은 이유는 가격이 싸고 혼자 있고 싶어 하는 사람이 많아졌기 때문이다. (　　)

文法と表現

1 形・動-(으)면서 【～すると共に・～すると同時に】

① 사랑을 (잃다　　　　　　　　　) 자신감도 잃어버렸다.
愛を失うと共に、自信感も失った。

② 5월이 (되다　　　　　　　　　) 벌써 더워지기 시작했어요.
5月になると共にもう暑くなりはじめました。

③ A: 나이 (들다　　　　　　　　　) 생각이 바뀐 것이 있어요?
年を取ると共に考えが変わったことがありますか。

　　B: 나이가 들면서 돈이 전부가 아니라는 생각이 들었어요.
年を取りながらお金が全てではないと考えるようになりました。

2 形-(으)ㄴ 편이다/動-는 편이다 【～な方だ・～する方だ】

① 공부요? 조금 (잘하다　　　　　　　　　　　).
勉強ですか。少しできる方です。

② 저는 아무거나 잘 (먹다　　　　　　　　　　　).
私は何でもよく食べる方です。

③ A: 남자 친구 잘생겼어요?
彼氏はハンサムですか。

　　B: 네, (잘생기다　　　　　　　　　　　).
はい、ハンサムな方です。

3 名은/는 물론(이고) 名도 【～はもちろん（のこと）～も】

① 하나 씨는 영어는 (　　　　　　　　　) 한국말도 잘한다.
ハナさんは英語はもちろんのこと、韓国語も上手です。

② 여기서는 고기는 (　　　　　　　　　) 생선이랑 야채도 싸게 팔아요.
ここでは肉はもちろん、魚と野菜も安く売っています。

③ A: 영민 씨는 공부 (　　　　　) 물론이고 운동 (　　　　　) 잘하시네요.
ヨンミンさんは勉強はもちろん、運動もお得意ですね。

　　B: 아니, 그렇지도 않아요.
いいえ、そうでもないです。

Unit 06 집과 주거 환경　**051**

Column6　伝言 1（間接話法）

　他人から聞いたり、テレビなどの媒体を通じて知った内容を伝える時に用いる表現です。

(1) 平叙文：形-다고 하다, 動-ㄴ/는다고 하다, 名(이)라고 하다など

	語幹に받침がない場合	語幹に받침がある場合
形	예쁘다　（現）예쁘다고 해요 　　　　（過）예뻤다고 해요 　　　　（未）예쁠 거라고 해요	어렵다　（現）어렵다고 해요 　　　　（過）어려웠다고 해요 　　　　（未）어려울 거라고 해요
動	가다　　（現）간다고 해요 　　　　（過）갔다고 해요 　　　　（未）갈 거라고 해요	먹다　　（現）먹는다고 해요 　　　　（過）먹었다고 해요 　　　　（未）먹을 거라고 해요
名	학교　　（現）학교라고 해요 　　　　（過）학교이었다고 해요 　　　　（未）학교일 거라고 해요	학생　　（現）학생이라고 해요 　　　　（過）학생이었다고 해요 　　　　（未）학생일 거라고 해요

①形容詞（現在）：-다고 하다

● 내일은 더 춥다고 해요.
　明日はもっと寒いそうです。

● 영민 씨는 지금 자고 있다고 해요.
　ヨンミンさんは今、寝ているそうです。

②動詞（現在）：-ㄴ/는다고 하다

● 하나 씨가 내일 한국에 돌아간다고 해요.
　ハナさんは明日韓国に帰るそうです。

● 영민 씨는 지금 밥 먹는다고 해요.
　ヨンミンさんは今、ご飯を食べているそうです。

③名詞（現在）：(이)라고 하다

● 저 사람은 한국어 선생님이라고 해요.
　あの人は韓国語の先生だそうです。

UNIT 07 연애와 결혼

- 出会い、外見と性格などに関する表現を理解することができる。
- 結婚について友人に尋ねたり答えたりすることができる。
- 恋愛と結婚に関する多様なテキストを読み、内容を理解することができる。

1 次は「恋愛と結婚」に関連した表現です。次の表現に慣れましょう。

□소개팅하다	□선보다	□첫눈에 반하다	□사랑에 빠지다	□사귀다
□연애하다	□데이트하다	□싸우다	□사과하다	□고백하다
□프로포즈하다	□결혼하다	□헤어지다	□이혼하다	

2 皆さんは結婚についてどのように考えていますか。友達はどうですか。下記のアンケートを使って、友達と尋ね合ってみましょう。

결혼에 관한 설문 조사

1. 결혼하고 싶어요?
❶ 네, 결혼하고 싶어요.　　❷ 아니요, 결혼하고 싶지 않아요.

2. 왜요?
❶ 을 선택한 사람
　a. 좋아하는 사람과 같이 있고 싶어서요.　　b. 가족을 만들고 싶어서요.
　c. 혼자는 외롭고 심심해서요.　　d. 그 외 (　　　　　　　　).
❷ 를 선택한 사람
　a. 혼자가 편해서요.　　b. 생활이 힘들어서요.
　c. 회사일도 해야 하고 집안일도 해야 해요. 너무 바빠요.
　d. 그 외 (　　　　　　　　).
❶ 을 선택한 사람
3. 몇 살쯤에 결혼하고 싶어요?

4. 결혼할 때 뭐가 가장 중요하다고 생각해요?
① 나이　　② 성격　　③ 취미　　④ 외모
⑤ 학력　　⑥ 직업　　⑦ 건강　　⑧ 경제력　　⑨ 기타

1　결혼의 조건

1 「結婚相手の条件」に関連した表現です。皆さんはどうですか。そして皆さんが考える結婚相手の条件はそれぞれ何ですか。その理由は何ですか。

성격은?	외모는?	경제력은?	그 외
□착하다	□미인	□돈이 많다	□동갑
□차갑다	□미남	□돈이 없다	□○살 연상
□따뜻하다	□잘생기다	□부자	□○살 연하
□밝다	□못생기다	□가난하다	□취미가 같다
□어둡다	□예쁘다	□경제력이 있다	□거짓말을 하다
□성실하다	□귀엽다	□연봉 00만원 이상/이하	□요리를 잘하다
□솔직하다	□섹시하다		□존경할 수 있다
□정이 많다	□키가 크다		□부모에게 잘 하다
□꼼꼼하다	□키가 작다		□아이를 좋아하다
□급하다	□뚱뚱하다		□바람을 피우다
□내성적이다	□날씬하다		□마음이 맞다
□마음이 넓다			

読む前に

(Speaking) 皆さんが以下のような質問をされたらどのように答えますか。

① (만약 결혼을 한다면) 몇 살쯤에 할 계획이에요?
② 언제 결혼하고 싶은 생각이 들어요?
③ 어떤 여자/남자랑 결혼하고 싶어요?
④ 외모는 상관없어요?
⑤ 연애할 때나 소개팅하면서, '이 여자/남자랑 결혼하고 싶다' 는 생각 든 적 있어요?

Reading　あるファッション雑誌が企画したトークの内容です。

몇 살쯤에 결혼할 계획이에요?

윤창　한 5년 뒤?

두영　이제 취직했으니까 저도 5년 후에는 하고 싶어요.

재원 저는 지금 당장 하고 싶어요. 그래서 요즘 열심히 소개팅도 하고 있어요, 하하.

언제 결혼하고 싶다는 생각이 들어요?

윤창 거의 매일요. 15년째 혼자 살고 있거든요. 요즘에는 너무 외로워요. 같이 밥도 먹고 여행도 갈 수 있는 사람이 있었으면 좋겠어요.

두영 저녁밥 혼자 먹을 때.

재원 결혼해서 아이 낳고 행복하게 사는 친구들을 볼 때?

어떤 여자랑 결혼하고 싶어요?

윤창 예쁘고 섹시한 여자? 하하, 농담이에요. 착하고 나를 잘 이해해 주는 여자?

두영 난 요리 잘하는 여자였으면 좋겠어요. 부인이 요리를 잘하면 매일 일찍 집에 갈 것 같아요.

재원 자기를 사랑할 줄 아는 여자? 자기를 사랑할 줄 알고, 또 취미가 있는 사람이 좋아요.

외모는 상관없어요?

윤창 예쁘면 좋죠. 하지만 외모가 전부는 아니에요.

두영 저도 그래요. 저는 외모보다 성격이 더 중요한 것 같아요.

재원 제가 못생겼기 때문에 여자 친구는 예뻤으면 좋겠어요. ⓐ물론 성형 미인은 안 돼요.

연애할 때나 소개팅하면서 '이 여자랑 결혼하고 싶다!' 는 생각 든 적 없어요?

두영 지금까지는 없었어요.

재원 저는 딱 한번. 특별한 이유는 없어요. 그냥 느낌이 좋았어요.

윤창 여자 친구를 소개팅에서 만났는데, 여친이 ⓑ백팩에 캔버스화를 신고 나왔어요. 그 수수함이 좋아서, '아! 이 여자랑 결혼하고 싶다' 는 생각을 해 본 적이 있어요.

(2011, COSMOPOLITAN의 기사 일부를 수정함)

ⓐの整形美人に対する「재원」の意見に対して皆さんはどのように考えますか。

ⓑは「윤창」が考える「彼女の純粋なイメージ」です。皆さんの国では「純粋だ」と言えばどのようなイメージが浮かびますか。

皆さんがもし女性であったら「두영」「재원」「윤창」のうち、誰と結婚しますか。なぜそのように考えますか。

文法と表現

1 形・動-거든요【～んです】

① 먼저 갈게요. 약속이 (있다   ).
先に行きます。約束が<u>あるんです</u>。

② 늦어서 죄송합니다. 늦잠을 (잤다   ).
遅れてすみません。寝坊を<u>したんです</u>。

③ A: 뭘 그렇게 많이 샀어요?
何をそんなにたくさん買ったんですか。

B: 아~, 내일 친구들이 (놀러 오다   ).
あ、明日友達が家に<u>来るんです</u>。

2 形-(으)ㄴ 줄/動-는 줄 알다[모르다]【～であることを知っている・知らない】

① 영민 씨가 이렇게 (똑똑하다   ).
ヨンミンさんがこんなに<u>賢いとは思いませんでした</u>。

② 운전이 이렇게 (어렵다   ).
運転がこんなに<u>難しいものだとは知らなかった</u>。

③ A: 내가 너 (좋아하다   )?
僕が君のこと<u>好きだって知らなかった</u>？

B: 너 나 좋아해? 몰랐어. 미안해. 그리고 고마워.
あなたが私を好きだって？　知らなかった。ごめんね。そして、ありがとう。

3 動-(으)ㄴ 적(이) 있다/없다【～たこと（が）ある・ない】

① 한국 음식을 (먹어 보다   ).
韓国料理を<u>食べたことがあります</u>。

② 한국어를 몰라서 (실수하다   ).
韓国語を知らなくて<u>失敗したことがあります</u>。

③ A: 한국에 (가 보다   )?
韓国に<u>行ったことありますか</u>。

B: 어릴 때 한 번 가 본 적 있어요.
幼い時一度行ったことがあります。

2 연애의 과학

> 1 悩みごと相談のブログに載せられた内容です。

❶ 서른 살 쯤에는 꼭 결혼하고 싶은 28살 여자입니다. 그런데 주변에서 결혼한 후 힘들어하는 사람을 너무 많이 봤어요. 어떤 사람과 결혼하고 싶은지는 아직 잘 모르겠지만, 최소한 이런 사람과 결혼해서는 안 된다는 것에는 정답이 있을 것 같아서요.

❷ 작년 연말 모임에서 우연히 남자 친구를 만난 후, 지금도 열심히 사귀고 있습니다. 그런데 한 가지 문제가 있어요. 그 사람은 주말이면 거의 매일 바다로 서핑을 갑니다. 주중에는 둘 다 일하느라 바쁜데, 주말에는 바다에 가 버리니 사귄 지 1년이 되었지만, 지금까지 데이트다운 데이트를 해 본 적이 없습니다. 게다가 저는 물을 무서워하고요. 취미가 다른 우리, 행복할 수 있을까요?

❸ 사귀던 사람과 헤어진 지 두 달 됐습니다. 만나는 동안에는 많이 싸우기도 했습니다. 그러다 그 사람이 이제 지쳤다면서 그만 만나자는 말만 남기고 떠나 버렸습니다. 다른 사람도 만나 보고, 일부러 그 사람과의 안 좋은 기억만 떠올려 보기도 했는데, 그래도 쉽게 잊혀지지가 않아요. 그 사람을 다시 만날 수는 없을까요? 아니면 제발 잊는 방법만이라도 좀 가르쳐 주세요.

(2016, 우리는 어째서 이토록. 사랑에 관한 거의 모든 질문에 답하다.(곽정은, 도서출판 달)

皆さんの周辺に上記のように悩んでいる友達がいますか。それぞれの悩みごとについて皆さんはどのように答えますか。

読む前に

皆さんは現在、恋愛をしていますか。恋愛や結婚が難しい理由は何だと思いますか。

恋愛の技術に関する本やブログの内容を読んだことがありますか。皆さんは「恋愛の技術」を本を通じて学べると考えますか。

Reading　あるブログに載せられたコラムです。

'진화 심리학' 으로 배우는 연애의 과학

김민식 (번역가/드라마 마니아 겸 PD)

마지막 수정 시각: 20XX년 7월 30일 목요일 13시 58분

　어린 시절, 나는 연애가 무척 하고 싶었지만, 매번 실패했다 (못생긴 주제에 예쁜 여자만 좋아했다). 실패할 때마다 연애의 기술에 관한 책에서 방법을 찾으려고 했다. 에리히 프롬의 '사랑의 기술', 존 그레이의 '화성에서 온 남자, 금성에서 온 여자' 등등.

　결국, 책에서 연애 기술을 배우지는 못했지만, 책 읽는 습관 덕분에 결혼에 골인했다. 대학원 1년 후배인 아내와는 신입생 환영회에서 처음 만났다.

　결혼 후 어느 날, '내가 어떻게 이렇게 예쁜 여자랑 결혼할 수 있었을까?' 가 궁금해졌다. 그래서 아내에게 물어봤다.

　"너, 못생긴 남자랑은 사귀기 싫다고 그랬잖아? 근데 왜 나랑 결혼했어?"

　"선배는 책을 많이 읽으니까. 적어도 책을 많이 읽는 사람이라면 결혼해서 마누라를 굶겨 죽이지는 않을 거라는 생각이 들었어."

　"응?"

　그렇다. 책 속에 길이 있었다!

　최근 연애에 도움이 될 만한 책 한 권을 찾았다. '진화심리학' (2012, 데이비드 버스) 이라는 책이다. 이 책은 사랑과 연애, 성과 결혼에 대한 과학적 근거와 조언들로 가득 차 있어, 연애가 어려운 청춘들에게 큰 도움이 된다.

　내용을 하나 소개하면, 이 책에 따르면, TV 드라마를 많이 보는 것은 연애와 결혼에 도움이 되기는커녕 오히려 방해가 된다. 드라마는 현실에서는 드물 정도로 예쁜 여자가, 현실에서는 만날 가능성이 거의 없는 돈 많은 재벌을 만나 연애하는 이야기가 대부분이기 때문이다. 게다가 이야기 자체도 비현실적이다.

　그러니 연애를 위해서라면 잠시 TV는 꺼 두고 책을 읽자. 마음과 행동을 탐구하는 '진화심리학' 을 읽고 이성의 마음을 읽는 법을 배우자. 그리고 연애하기 힘들다고 포기하지 말자. 죽는 그날까지 사랑하며 살기 위해 최선을 다하자!

(2015, 진화심리학으로 배우는 연애 기술. 김민식의 블로그의 내용을 수정)

(http://blog.newstapa.org/seinfeld6839/2238)

2　文章で筆者は恋愛のために何が重要だと主張していますか。

3　テレビドラマを見ることが恋愛や結婚に役立たない理由は何ですか。

文法と表現

1 動-(으)ㄹ 만하다【〜するだけのこと（価値）がある】

① 냉장고에 (먹다   ) 거 좀 있어요?
　 冷蔵庫に<u>食べる（だけの）</u>ものありますか。

② 여기 (쓰다   ) 물건이 많네요.
　 ここに<u>十分に使える</u>物が多いですね。

③ A: 영화 어땠어요? (보다   )?
　　 映画どうでしたか。<u>見応えありましたか</u>。

　 B: 네, 그럭저럭 볼 만했어요.
　　 はい。それなりに見応えありました。

2 形・動-잖아(요)【〜ではないですか】

① 내가 (그랬다   ). 보기보다 어렵다고.
　 私が<u>そう言ったじゃないですか</u>。見た目より難しいと。

② 또 커피 마셔요? 아까도 (마셨다   ).
　 またコーヒー飲んだんですか。さっきも<u>飲んだじゃないですか</u>。

③ A: 소문 들었어요? 영민 씨가 다음 달에 결혼한대요.
　　 うわさ聞きましたか。ヨンミンさんが来月結婚するそうです。

　 B: 지난주에 제가 (말했다   ). 벌써 잊어버렸어요?
　　 先週、私が<u>言ったじゃないですか</u>。もう忘れたんですか。

3 名은/는커녕 / 形・動-기는커녕【〜はどころか・〜するどころか】

① 너무 바빠서 (밥   ) 물도 못 마셨다.
　 あまりにも忙しくて<u>ご飯どころか</u>水も飲めなかった。

② 영민 씨가 오늘은 (인사   ) 아는 척도 안 했어요.
　 ヨンミンさんが今日は<u>挨拶どころか</u>知っているふりもしなかったです。

③ A: 하나 씨, 남자 친구 있어요?
　　 ハナさん、彼氏いますか。

　 B: 남자 친구 (   ) 그냥 친구 (   ) 별로 없어요.
　　 <u>彼氏どころか</u>普通の（男の）<u>友達も</u>あまりいません。

UNIT 07

Column7 　伝言2（間接話法）

(2) 疑問文：形-냐고 하다, 動-(으)냐고 하다など

形容詞		動詞	
어렵다	（現）어렵냐고 해요	먹다	（現）먹(느)냐고 해요
	（過）어려웠냐고 해요		（過）먹었냐고 해요
	（未）어려울 거냐고 해요		（未）먹을 거냐고 해요

● 요즘 많이 바쁘냐고 해요.
　最近忙しいのかと聞いています。

● 내일 한국에 돌아가냐고 해요.
　明日韓国に帰るのかと聞いています。

● 저 사람이 하나 씨냐고 해요.
　あの人がハナさんなのかと聞いています。

(3) 命 令 文：・（肯定）動-(으)라고 하다　　・（否定）動-지 말라고 하다
(4) 勧誘形文：・（肯定）動-자고 하다　　　・（否定）動-지 말자고 하다

命令形		勧誘形	
가다	（肯）가라고 해요	먹다	（肯）먹자고 해요
	（否）가지 말라고 해요		（否）먹지 말자고 해요

①命令

● 엄마가 빨리 청소하라고 해요.
　母が早く掃除しなさいと言っています。

● 의사가 많이 먹지 말라고 했어요.
　お医者さんがたくさん食べないでと言いました。

②勧誘

● 하나 씨가 방학 때 여행 가자고 해요.
　ハナさんが休みの時、旅行に行こうと言っています。

● 하나 씨가 백화점은 가지 말자고 해요.
　ハナさんがデパートは行かないようにしようと言っています。

UNIT 08 기분과 감정

- 気分と感情に関する表現が理解できる。
- 自身や友達の感情についてお互いに尋ね、答えることができる。
- 感情やストレス関連のテキストを読み、理解することができる。

1 肯定的な気分や感情と、否定的な気分や感情に分けてみましょう。(肯定的：○、否定的：△)

□슬프다　　□즐겁다　　□행복하다　　□외롭다　　□창피하다　　□속상하다

□답답하다　□재미있다　□무섭다　　□힘들다　　□긴장되다　　□걱정되다

□부끄럽다　□기분이 좋다　□기분이 나쁘다　□화가 나다　□짜증이 나다

□스트레스가 쌓이다

2 気分や感情に関連した次の質問を使い、友達に尋ねて答えてみましょう。

① 요즘 행복해요?

② 걱정이 많은 편이에요?

③ 주변에 짜증나게 하는 사람이 있어요?

④ 화를 잘 참는 편이에요? 화가 날 때는 어떻게 해요?

⑤ 친구나 가족, 혹은 자신에게 실망한 적이 있어요?

⑥ 최근 다른 사람의 말 때문에 상처 받은 적이 있어요? 무슨 말을 들었어요?

⑦ 지금까지 가까운 사람에게서 배신감을 느낀 적이 있어요?

⑧ 긴장을 많이 하는 편이에요? 긴장을 어떻게 풀어요?

⑨ 심심할 때는 주로 뭐 해요?

⑩ 외로움을 많이 타는 편이에요?

⑪ 요즘 스트레스가 많아요? 스트레스가 쌓였을 때 기분 전환을 위해 하는 일이 있어요?

1 기분과 감정

> 1 「気分と感情」に関連した名言です。誰の言葉が最も心に響きますか。なぜそう思いましたか。

- ❶ [마크 트웨인] 화가 날 때는 100까지 세라. 그래도 화가 날 때는 욕을 해라.
- ❷ [석가모니] 자기의 감정을 믿지 마라. 감정이 자신을 속이는 경우가 있다.
- ❸ [데카르트] 남을 미워하는 감정은 얼굴의 주름살이 되고, 남을 원망하는 마음은 고운 얼굴을 추하게 만든다.
- ❹ [도스트예프스키] 감정은 절대적인 것이다. 그 중에서도 질투는 가장 절대적인 감정이다.

読む前に

松下幸之助会長と彼に関連した逸話について何か知っていますか。

Reading

「名言で見る世界」というブログに載せられたエッセイです。

[감정에 속지 않기] 내 감정은 나 자신에 의해 결정된다.

마쯔시타전기의 마쯔시타 고노스케 회장이 바닷가를 걷다가 갑자기 덩치가 큰 남자와 부딪혀 바다에 빠졌다. 함께 있던 비서가 깜짝 놀라 그 남자를 혼내려고 하자, 마쯔시타 회장은 "쓸데없는 짓 하지 마세요. 저 사람을 혼낸다고 해서 내가 바다에 빠졌다는 사실이 없었던 것이 되는 건 아니잖아요. 여름이라서 춥지도 않네요. 자, 어서 갑시다."

마쯔시타 회장은 화를 낸다고 해서 달라질 게 없는 과거의 일에 쓸데없이 화를 내기보다는, 앞 (미래) 을 향해 가는 것이 더 중요하다고 생각했기 때문에 아마도 그런 행동을 했을 것이다.

마쯔시타 회장은 또 자신의 성공 요인으로 첫째, '배운 게 없었다', 둘째, '몸이 약했다', 셋째, '가난했다' 는 것을 들었다. 배우지 못했기 때문에 늘 배우려고 노력했고, 몸이 약했기 때문에 술, 담배를 멀리하고 건강을 지키려고 했고, 가난했기 때문에 평생을 그렇게 열심히 일했다는 뜻이다.

누구든 배운 게 없고, 몸이 약하고, 가난하면 부정적인 생각에 빠지기 쉽다. 그러나 '경영의 신' 이라고 불리는 마쯔시타는 자신이 갖고 있는 모든 불리한 상황을 긍정적인 방향으로 바꾸었다. 결국, 피할 수 없는 이런 나쁜 상황들이 오히려 그에게 '성공'을 가져다 준 셈이다.

여기에서 얻게 되는 한 가지 교훈은 '사람의 마음을 움직이는 것은 자신이 만난 상황이 아니라, 그것을 받아들이는 방식' 이라는 것이다. 바꿔 말해, 자신에게 닥친 상황에 대해 어떤 감정을 갖느냐는 자신의 의지에 따라 달라질 수 있다는 것이다. 즉, 어떤 감정을 갖느냐에 따라 나쁜 상황이라도 얼마든지 좋은 방향으로 바꿀 수 있으며, 반대로 아무리 좋은 상황이라도 얼마든지 나쁘게 만들 수 있는 것이다.

(봉리브로 (http://bonlivre.tistory.com/120) 에 실린 내용을 수정)

2 松下会長が成功できた3つの要因は何ですか。

3 松下会長の成功逸話が与えてくれる教訓は何ですか。つまり、この文章のテーマは何でしょうか。

Speaking 松下会長の逸話を読んで感じたことがあれば話をしてみましょう。

UNIT
08

Unit 08 기분과 감정 **063**

文法と表現

1 形・動 -다가【～（して）いる途中で・～していて】

① 날씨가 아침에는 (맑다　　　　　　　　) 지금은 흐리다.
　　天気は朝、晴れていて今は曇っている。

② 어제 우연히 길을 (가다　　　　　　　) 중학교 동창을 만났어요.
　　昨日偶然道を歩いていて中学校の同窓生に会いました。

③ A: 어제 축구 경기 봤어요?
　　　昨日サッカーの試合を見ましたか。

　　B: (보다　　　　　　　) 피곤해서 잠이 들었어요.
　　　見ている途中で疲れて寝ました。

2 形・動 -(었)던【～だった・～（して）いた】

① 여기는 제가 어릴 때 (살다　　　　　　　) 곳이에요.
　　ここは私が幼い時住んでいた所です。

② 그 친구와 사귀면서 (행복하다　　　　　　　) 때도 많아요.
　　その友達と付き合いながら幸せだった時も多いです。

③ A: 살면서 뭐가 가장 생각이 나요?
　　　生きていて何が一番思い出されますか。

　　B: 제가 취직했을 때 가족들과 같이 (기뻐하다　　　　　　　) 때?
　　　私が就職した時、家族と一緒に喜んだ時？

3 (오히려) 動 -(으)ㄴ 셈이다【(むしろ)～するというわけだ】

① 어제는 18시간을 잤으니까 하루 종일 잠만 (자다　　　　　　　　).
　　昨日は18時間寝たから一日中寝たというわけだ。

② 부모님 대신 키워 주신 할머니가 저에게는 (어머니이다　　　　　　).
　　両親の代わりに育ててくださったおばあさんが私にはお母さんというわけです。

③ A: 숙제 다 끝났어요?
　　　宿題全部終わりましたか。

　　B: 이제 한 장 남았으니까 거의 다 (끝나다　　　　　　　).
　　　あと一枚残っているからほとんど終わったようなものです。

2 스트레스와 스트레스 해소

1 皆さんの現在のストレス指数をチェックしてみましょう。

① 쉽게 짜증을 낸다. ( )　　② 최근 피부가 거칠어졌다. ( )

③ 근육통이 있다. ( )　　④ 잠을 잘 못 자고, 자주 잠에서 깬다. ( )

⑤ 자신감이 없어졌다. ( )　　⑥ 이유 없이 불안하고 초조하다. ( )

⑦ 쉽게 피로감을 느낀다. ( )　　⑧ 집중이 잘 안 된다. ( )

⑨ 기억력이 나빠져 쉽게 잘 잊어버린다. ( )

⑩ 식욕이 없어 잘 안 먹거나, 한번 먹으면 폭식을 한다. ( )

(※ 6점 이상이면 스트레스의 정도가 심할지도…?)

読む前に

Speaking 普段からストレスに対して持っている考えは次のうち、どれですか。

(1) 스트레스는 해로우니까 될 수 있으면 피하고 줄여야 한다.
(2) 스트레스는 독이 아니라 약이다. 그러니까 잘 활용해야 한다.

UNIT 08

Reading　次の各文章はストレスに関する多様な研究結果です。

❶ 루이스 박사는 다음과 같이 말한다.

"우리 사회에서는 스트레스를 무조건 나쁜 것으로 생각하는 경향이 있어요. 물론 지나친, 그리고 불필요한 스트레스가 건강에 좋지 않다는 연구 결과가 있는 것은 사실이에요. 하지만 스트레스를 무조건 나쁘게 여기는 것도 바람직하지는 않아요."

"스트레스의 반대말을 한번 말씀해 보세요. 그래요. 스트레스의 반대말은 안락함이에요. 하지만 그런 상황에선 성장이 없어요. 불편한 것에 접근할 때 배움이 있어요."

❷ 샤하르 교수는 하버드대학 긍정 심리학 교수이다. 그는 행복하기 위해서는 자신의 감정과 스트레스를 다루는 것이 무엇보다 중요하다고 말한다. 그리고 스트레스를 다루는데는 운동하기, 사랑하는 사람과 함께 시간을 보내기, 눈앞에 있는 것에 집중하기, 숨을 깊이 쉬기, 명상 등이 도움이 된다고 한다.

❸ 스트레스, 쌓고 사는 남자, 풀고 사는 여자

❹ 영국 서섹스대학의 루이스 박사 연구팀은 독서, 산책, 음악 감상, 비디오 게임 등, 각종 스트레스 해소법들이 스트레스를 얼마나 줄여 주는지를 측정하였다. 그 결과, 독서가 스트레스 해소에 가장 효과적이었고, 그 다음이 음악 감상, 커피 마시기, 산책 순이었다.

2 ❸'스트레스, 쌓고 사는 남자, 풀고 사는 여자' とはどのような意味ですか。

3 次の文章は外国人留学生が書いたものです。上記、루이스 박사の仮説に基づいて、アドバイスをしてみましょう。

　　외국에서 생활하다 보면 재미있는 일도 많지만 힘들 때도 많이 있어요. 특히 제 경우에는 언어로 인한 스트레스가 커요. 하고 싶은 말이 있지만 한국어로 잘 표현할 수 없을 때, 그리고 생각을 제대로 전달할 수 없을 때 스트레스를 많이 받아요. 어떻게 하면 좋을까요?

4 ❷샤르 박사や❹루이스 박사の提案に照らし合わせると、この人のストレス解消方法は適切ですか。

　　스트레스가 많이 쌓였을 때, 나는 일본에 있는 고향 친구들을 만난다. 친구들과 함께 맛있는 고향 음식을 만들어 먹으면서 우리 나라 말로 이야기를 나누다 보면, 어느새 스트레스가 사라진다. 가끔은 밖에 나가서 산책을 하기도 한다. 조용하고 깨끗한 공원을 걷고 나면 걱정들을 잊어버릴 수 있다. 스트레스가 쌓였을 때는 대청소를 하기도 한다. 방을 쓸고 닦은 후 깨끗해진 방을 보면 기분까지 좋아진다.

文法と表現

1 形-(으)ㄴ지/動-는지 【～か】

① 혹시 저 분이 (누구시다   ) 아세요?

   もしかしてあの方が<u>どなたか</u>ご存知ですか。

② 맛이 (있다   ) (없다   ) 내가 한번 먹어 볼게.

   <u>美味しいか美味しくないか</u>私が一度食べてみるね。

③ A: 영민 씨가 요즘 왜 (저러하다   ) 모르겠어.

     ヨンミンさんが最近どうして<u>ああなのか</u>分かりません。

   B: 얼마 전에 여자 친구랑 헤어졌대. 그래서 많이 힘든가 봐.

     ちょっと前に彼女と別れたんだって。それでだいぶ大変みたい。

2 動-다 보면 【～してみると】

① 그 친구 이야기를 (듣다   ) 가끔 기분이 나빠져요.

   あの友達の話を<u>聞いてみると</u>時々気分が悪くなります。

② 이 길을 계속 (가다   ) 공원이 나올 거예요.

   この道をずっと<u>歩いてみると</u>公園が出てくると思います。

③ A: 나는 한국어 듣기가 너무 어려워.

     私は韓国語の聞き取りが難しすぎる。

   B: 많이 (듣다   ) 언젠가는 좋아지게 될 거야.

     たくさん<u>聞いてみると</u>いつかはよくなると思うよ。

3 形-(으)ㄴ데/動-는데 【～のに】

① 이 책을 다 (읽다   ) 3일이나 걸렸어요.

   この本を<u>読み終えるのに</u>3日も掛かりました。

② 푹 (잤다   ) 왜 이렇게 피곤하지?

   ぐっすり<u>寝たのに</u>、何でこう疲れているんだろう。

③ A: 시간이 (늦었다   ) 꼭 가셔야 해요?

     時間が<u>遅くなったのに</u>、かならずお帰りにならなくてはなりませんか。

   B: 미안해요. 내일 시험이 있어서요.

     ごめんなさい。明日テストがありまして。

UNIT 08

Column8　伝言3（間接話法）

コラム6と7を縮めた形です。主に話し言葉で用いられます。

(1) 平叙文：形-대(요), 動-ㄴ대/는대(요), 名(이)래(요) など

아프다	(現) 아프다고 해요.	아프대요.
	(過) 아팠다고 해요.	아팠대요.
사다	(現) 산다고 해요.	산대요.
	(過) 살았다고 해요.	살았대요.
학생	(現) 학생이라고 해요.	학생이래요.
	(過) 학생이었다고 해요.	학생이었대요.

● 하나 씨가 바쁘대요.
　ハナさんが忙しいそうです。

● 일본 사람들은 명동을 많이 간대요.
　日本人は明洞によく行くそうです。

● 저 건물이 이번에 새로 지은 도서관이래요.
　あの建物が今度新しく建てた図書館だそうです。

(2) その他：形・動-냬요（疑問）, 動-래요（命令）, 動-재요（勧誘）

疑問	아프냐고 해요	아프냬요
勧誘	가라고 해요	가래요
命令	먹자고 해요	먹재요

● 영민 씨가 어디 가요.
　ヨンミンさんがどこへ行くかと聞いています。

● 하나 씨가 오늘 시간 있내요.
　ハナさんが今日時間あるかと聞いています。

● 하나 씨가 같이 산책하재요.
　ハナさんが一緒に散歩しようと言っています。

● 아빠! 엄마가 일찍 집에 오시래요.
　パパ、ママが早く家に帰ってきてと言っています。

● 친구가 자기 집에 놀러 오래요.
　友達が自分の家に遊びに来てと言っています。

UNIT 09 언어와 교육

- 学校生活（言語学習、科目など）に関する表現を理解することができる。
- 学校の教育制度、好きな科目などについて友達に尋ね、答えることができる。
- 学校生活と関連した多様なテキストを読み、その内容を理解することができる。

1 次の単語は学校生活と関連した単語です。知っている単語にチェックしなさい。

- □선생님　　□교수　　　□선배　　　□후배　　　□동료　　　□동기
- □입학하다　□졸업하다　□결석하다　□지각하다
- □원서　　　□시험（□수능　□중간고사　□기말고사　□면접）
  □점수（□성적　□학점）　　□합격하다　　□불합격하다

2 （　　）の中に共通して入る単語を［보기］から探して書きなさい。

[보기]　　보다　　붙다　　떨어지다　　지원(하다)　　유학(하다)　　취직(하다)　　휴학(하다)

① ・영민이가 식당에 (　　　　　　　) 요리사가 되었다.
　 ・백수였던 삼촌이 드디어 회사에 (　　　　　　　).

② ・가: 우리 회사에 (　　　　　　　) 동기가 무엇입니까?
　　나: 어렸을 때부터 자동차에 관심이 많아서 (　　　　　　　) 게 되었습니다.

③ ・외국에서 (　　　　　　　) 동안 한국 음식이 매우 그리웠다.
　 ・3학년이 되기 전에 (　　　　　　　)을 가서 한국어를 더 깊이 공부하고 싶다.

④ ・영민이는 병 때문에 두 학기를 (　　　　　　　).
　 ・A: 너 이번에 군대 간다며?
　　B: 응, 그래서 이번 학기를 끝으로 (　　　　　　　) 하려고.

⑤ ・그는 원하는 대학에 가기 위해서 수능을 세 번이나 (　　　　　　　).
　 ・A: 시험은 잘 (　　　　　　　)?
　　B: 공부를 안 해서 이번 시험은 (　　　　　　　).

⑥ ・영민이는 어렵다는 대기업 입사 시험에 한번에 (　　　　　　　).
　 ・이 대학에 들어오기 위해서 세 번의 시험을 본 끝에 (　　　　　　　).

⑦ ・영민이는 시험 성적이 낮아서 결국 대학에 (　　　　　　　).
　 ・A: 네 동생 면접시험에 합격했어?
　　B: 아니, 아깝게 (　　　　　　　).

1 왜 배우고 무엇을 배우는가 ?

1 韓国の教育制度について知っていますか。日本はどうですか。

● 유치원-초등학교-중학교-고등학교-대학교-대학원 (석사/ 박사)
● 유치원생-초등학생-중학생-고등학생-대학생-대학원생

2 次の単語は「科目名」です。皆さんは何の科目が好きで、何の科目が嫌いでしたか。
得意な科目と苦手な科目は何でしたか。

☐국어　　☐수학　　☐과학　　☐물리　　☐화학　　☐생물　　☐사회　　☐역사
☐정치　　☐경제　　☐지리　　☐문학　　☐음악　　☐미술　　☐체육　　☐문화
☐작문　　☐외국어　　☐세계사

読む前に

💬 皆さんはなぜ大学に進学しようとしますか。（または、大学に行きましたか。）

한국 대학생을 대상으로 대학에 가려는 이유를 조사한 결과, '좋은 직업을 얻기 위해서' 가 1위, '능력 계발을 위해서' 가 2위, '지식을 습득하기 위해'가 3위인 것으로 나타났다.

Reading 日本の学者などが高校生のためにしたアドバイスです。

왜 배우고 무엇을 배우는가

　이제 16살이 된 여러분에게 묻고 싶은 것이 있습니다. 아마도 지금 여러분은 '나도 고3 이 되면 시험 공부를 해서 대학에 가겠지?' 라고 생각하고 있을 것입니다. 어쩌면 가고 싶 은 대학을 벌써 정했을지도 모릅니다.

　그런데 여러분은 왜 대학에 가려고 합니까? 부모나 선생님이 가라고 하니까? 친구들이 가니까? 고등학교만 졸업해서는 취직이 힘들 것 같으니까? 여러분이 만약 '그런 이유만 으로' 대학에 가려고 한다면, 대학에 가는 의미가 없습니다. 왜냐하면 이것들은 모두 '자신 의 밖에 있는 이유' 이기 때문입니다.

한번쯤 생각해 봤으면 좋겠습니다. 부모님이나 선생님, 혹은 친구가 자신의 인생을 결정해도 괜찮은지? 이상하다고 생각되지 않습니까?

그리고 ⓐ'대졸이 아니면 취직하기 힘들다'고 하는 것도 거짓말입니다. 고등학교 졸업은 물론이고, 중학교 졸업 후에도 기술을 배워 훌륭한 업적을 쌓은 사람들도 이 세상에는 아주 많습니다.

요컨대 여러분은 '그냥, 모두가 그렇게 하니까' 대학에 가려고 하는 것입니다. 그리고 여러분은 '그냥, 다들 그렇게 하니까' 공부하고 있는 것입니다. 여러분을 힘들게 하는 국어도 수학도 영어도, 그리고 과학도 사회도, 그런 이유로 공부하고 있을 뿐인 것입니다.

물론 어른들도 공부는 합니다. 직장인이 마케팅 공부를 하거나, 변호사가 법률 공부를 하거나, 요리사가 새로운 메뉴를 공부하기도 합니다. 그러나 그들은 지금의 일, 내일의 직업에 필요한 공부를 할 뿐입니다. 그들에게는 공부하는 이유, 공부해야 하는 이유가 분명히 있습니다. 그렇기 때문에 어른들은 국어도 수학도 공부하지 않습니다. 그것들이 오늘이나 내일의 직업과 관계가 없기 때문입니다.

그렇다면 여러분은 왜 어른들도 하지 않는 공부를 하고 있는 것일까요? 여러분은 여기에서 무엇을 배우려고 하는 것일까요? 고등학교 3학년이 되면, 이런 것을 생각할 여유가 없을 것입니다. 이런 걸 생각할 시간에 단어 하나라도 더 외우고, 하나라도 수학 문제를 더 풀어야 합니다.

그러니까 16살인 바로 지금, 한 번쯤 진지하게 생각해 봤으면 좋겠습니다. 자신이 공부하는 이유를….

（『16歳の教科書 なぜ学び、何を学ぶのか』（講談社2007）을 가필 및 한국어로 번역）

UNIT 09

3 筆者が大学に行く意味がないと言ったことは、どのような人に対してですか。

4 本文によると、大人はなぜ勉強をすると言いますか。

5 16歳の今、自身が勉強する理由を考えなければならない理由は何ですか。

Speaking 筆者はⓐ「대졸이 아니면 취직하기 힘들다는 말은 거짓말」と言っています。これについて皆さんはどのように考えますか。

Unit 09 언어와 교육　**071**

文法と表現

1 形・動-(으)ㄹ지(도) 모르다 【～かもしれない】

① 금요일이라서 차가 (막히다   ).

金曜日だから<u>道が混むかもしれません</u>。

② 지금 (자고 있다   ) 내일 전화해야겠다.

<u>今寝ているかもしれないから</u>明日電話しないと。

③ A: 그 사람, 네 말에 (상처를 받다   ).

あの人、あなたの言葉に<u>傷つけられたかもしれない</u>。

B: 그래? 그럼 내일 연락해서 사과해야겠다.

そう？ じゃあ、明日連絡して謝らないと。

2 形・動-(으)ㄹ 뿐(이다) 【～するだけだ】

① 그동안 연락을 못 드려서 (죄송하다   ).

これまで連絡ができなくて<u>申し訳ないだけです</u>。

② 그냥 잠깐 얼굴이나 보려고 (오다   ). 너무 신경 쓰지 마세요.

ちょっとお顔でも見ようと<u>来ただけです</u>。あまり気にしないでください。

③ A: 하나 씨가 그걸 직접 봤어요?

ハナさんがそれを直接見ましたか？

B: 아뇨, 소문으로만 (듣다   ). 직접 본 것은 아니에요.

いいえ、噂でだけ<u>聞いたのみです</u>。直接見たのではありません。

3 形-다면/動-는다면 【～するならば】

① 돌아가신 아버지가 그 말을 (듣다   ) 무척 기뻐하실 거예요.

亡くなったお父さんが<u>お聞きになったら</u>とても喜ぶはずです。

② 나도 언니처럼 (예쁘다   ) 참 좋을 텐데.

私もお姉さんみたいに<u>きれいだったら</u>本当によかったのに。

③ A: 하나가 그 이야기를 (듣다   ) 큰일인데.

ハナがその話を<u>聞いたら</u>大変だろうに。

B: 걱정 마. 아마 모를 거야.

心配しないで。たぶん知らないはず。

2 반말은 언제부터?

1 次の言語と関連した表現に慣れましょう。

☐말　☐언어　☐말하기　☐듣기　☐읽기　☐쓰기　☐단어　☐문법
☐어휘　☐발음　☐문장　☐텍스트

2 [나의 한국어 학습] というブログに載せられたものです。皆さんもこのような経験がありますか。皆さんの外国語学習方法（成功例／失敗例）を紹介してみましょう。

　학교에서 새로운 표현을 배우면 가능하면 즉시 써 보려고 노력합니다. 배운 표현을 실제 상황 속에서 사용해 보면, 그 표현의 의미를 보다 정확하게 이해하고 기억할 수 있기 때문입니다.

　하지만 자주 실수를 합니다. 어제는 사귄 지 두 달쯤 되는 친구에게 학교에서 배운 '발이 넓다' 라는 표현을 '얼굴이 넓다' 로 잘못 말하는 실수를 했습니다. '아는 사람이 많다' 는 뜻으로 일본어에서는 '얼굴이 넓다' 라는 표현을 쓰지만, 한국어에서는 '얼굴' 이 아니라 '발' 이 넓다는 표현을 사용하거든요. 한국어에서 다른 사람에게 "참 얼굴이 넓네요!" 라고 하면 큰 실례가 됩니다.

　이처럼, 외국어를 배우는 것은 참 어려운 것 같습니다. 하지만 실수를 두려워하지 않고 계속 써 보다 보면 언젠가는 한국어를 유창하게 말할 수 있게 될 날이 올 것이라고 믿고, 오늘도 열심히 공부하고 있습니다.

読む前に

🗨 韓国語の敬語表現について説明してみましょう。そして敬語表現の使用で失敗したことがありますか。

Reading　韓国語の '반말과 존댓말' について書かれたブログの内容です。

　"누나, 말 놓으세요."
　처음 있는 일은 아니다. 학교 후배나 사회에서 만난 동생들에게 말을 놓지 못해 오해를 사곤 한다.

"영민 누나는 따뜻한 사람이지만 친해지기가 힘든 것 같아요."

하지만 그 후배보다 훨씬 어린 학생들에게도 나는 늘 존댓말을 쓰는 편이었다. 만난 지 1년쯤 지나, 가끔은 농담을 주고받을 정도로 친해졌는데도 여전히 '누구 씨' 하고 부르니 후배들 입장에서는 답답하기도 했을 것이다. 반말은 단순히 말을 놓는다는 의미가 아니라, 이 사람과 아주 가까워졌다는 친밀감의 표현이기도 하기 때문이다.

알고 있겠지만, 한국어에는 반말과 존댓말이 있다. 보통 나이가 어린 사람이 윗사람에게 존댓말을 쓴다. 가끔 군대나 학교, 사회에서 나이가 어리지만 선배인 경우에는 존댓말을 쓰는 경우도 있다.

안 그런 사람도 있지만, ⓐ지위가 높다고 나이 많은 직원에게 말을 놓는 사람을 본 적이 있다. 그렇게 해야 집단의 위계질서가 잡힌다고 생각하기 때문일 것이다. 나는 이런 예외적인 상황들이 한국 사회를 관찰할 수 있는 좋은 키워드라고 생각한다.

개인적인 경험으로, 어제까지 "누나, 누나" 하던 후배가 갑자기 "일 때문에 만났으니까 이제부터는 'OO 씨'로 부르겠다"고 말한 뒤에 실제로도 그렇게 해서 당황했던 적이 있다. 호칭, 그리고 반말과 존댓말을 선택할 때 또 하나 고려해야 할 것은 정서적인 '동의'인데, 그 과정이 부드럽지 않았기 때문에 생긴 감정이다.

그렇다면 윗사람이 아랫사람에게 반말을 하는 것은 문제가 없는가? 그 사람을 개인적으로 잘 알고 있다면 특별히 문제가 되지 않는다고 여기는 게 한국의 분위기다. 단, 잘 알지 못하는 사이일 때는 아무리 나이가 많아도 처음부터 아랫사람에게 반말을 하는 것은 예의가 아닌 것으로 생각한다.

그럼, 반말은 만난 후 언제부터 쓰면 될까?

3 筆者はパンマル（ため口）にはどのような（社会学的）意味が含まれていると言っていますか。

Speaking ⓐのについてどのように考えますか。

4 筆者はため口や敬語を使う時、年齢のほかに何を考慮しなければならないと言っていますか。

Speaking 敬語を使えば確実に親しくなるのに限界があって、お互いを遠く感じるようになるでしょうか。

Speaking 反対にため口を使えば早く親しくなって、親近感を感じるようになるでしょうか。

074

文法と表現

1 動-곤 하다【～たりした】

① 여기에서 친구랑 아이스크림을 사 (먹다   ).
　ここで友達とアイスクリームを買って<u>食べたりしました</u>。

② 어릴 때는 형이랑 가끔 (싸우다   ).
　幼い時は兄と時々<u>けんかしたりしました</u>。

③ A: 하나 씨 학생 때는 어땠어요?
　　 ハナさん、学生の時はどうでしたか。
　 B: 친구들이랑 수업을 빼먹고 시내에 (놀러 가다   ).
　　 友達と授業を抜けて市内に<u>遊びに行ったりしました</u>。

2 形-(으)ㄴ/動-는 편이다【～な方だ／～する方だ】

① 이 방은 (넓다   ).
　この部屋は<u>広い方</u>です。

② 저는 밥을 조금 빨리 (먹다   ).
　私はご飯をはやく<u>食べる方</u>です。

③ A: 서울 물가는 어때요?
　　 ソウルの物価はどうですか。
　 B: 음, 일본보다는 싸지만 그래도 (비싸다   ).
　　 うーん、日本よりは安いけど、それでも<u>高い方</u>ですよ。

3 形-(으)ㄴ데도/動-는데도【～なのに／～する・したのに】

① 많이 (자다   ) 여전히 졸리다.
　たくさん<u>寝たのに</u>今だに眠い。

② (춥다   ) 구경하는 사람이 많았어요.
　<u>寒いのに</u>見物する人が多かったです。

③ A: 얼마 전에 컴퓨터 수리하지 않았어?
　　 この前コンピュータ修理したじゃない？
　 B: 응, (수리하다   ) 그래.
　　 うん、<u>修理したのに</u>こうなんだ。

UNIT 09

Unit 09 언어와 교육　**075**

Column 9　使役表現

「使役」とは、主語が他者に何らかの行為や動作を「させる」ことをいいます。下の例では「입히다」が使役動詞です。

● 아이가 옷을 입었습니다.
　子供が服を着ました。

● 엄마가 아이에게 옷을 입혔습니다.
　お母さんが子供に服を着せました。

・作り方：動詞の語幹＋'-이-', '-히-', '-리-', '-기-', '-우-'

-이-	-히-	-리-	-기-	-우-
먹다-먹이다	읽다-읽히다	살다-살리다	벗다-벗기다	자다-재우다
죽다-죽이다	입다-입히다	알다-알리다	신다-신기다	서다-세우다
보다-보이다	앉다-앉히다	울다-울리다	웃다-웃기다	타다-태우다

● 간호사가 환자에게 약을 먹였어요.
　看護師さんが患者に薬を飲ませました。

● 고양이가 쥐를 죽였어요.
　猫がネズミを殺しました。

● 가족 사진 좀 보여 주세요.
　家族の写真見せてください。

● 아침 7시에 깨워 주세요.
　朝7時に起こしてください。

● 연락 오면 저에게도 알려 주세요.
　連絡が来たら私にも知らせてください。

〈参考〉韓国語の「漢字語 -하다動詞」の使役形は「-하다」を「-시키다」に変えると日本語の「〜させる」という意味の使役形ができます。そのほかにも「-게 하다」（〜するようにする）を用いて使役形を作ることもできます。

● 요즘은 아이들 공부시키기가 힘들어요.
　最近は子どもたちに勉強させるのが大変です。

● 오늘은 모두 일찍 집에 가게 했어요.
　今日は皆早く家に帰らせました。

UNIT 10 컴퓨터와 통신

- コンピューターとメール、通信と関連した単語を理解することができる。
- SNS の長所や短所について自身の意見を言うことができる。
- コンピューターと関連した多様なテキストを読み、その内容を理解することができる。

1 次の語はメールに関連した表現です。知っている表現にチェックしてみましょう。

(1) ☐메일 쓰기　☐받은 메일함　☐내게 쓴 메일함　☐보낸 메일함　☐수신 확인
　　☐임시 보관함　☐스팸 메일함　☐휴지통

(2) ☐보내기　☐임시 저장　☐미리 보기　☐참조　☐제목　☐파일 첨부하기
　　☐자동 저장

Daum 메일

| 보내기 | 임시저장 | 미리보기 | ☐ 내게쓰기 | 자동저장 오후 2:25 |

| 메일쓰기 | 내게쓰기 |

전체 | 안읽음　∨
받은메일함
내게쓴메일함
보낸메일함　[수신확인]
임시보관함
스팸메일함
휴지통 5

∨ 내 메일함　＋　⚙
　Notes

∨ 분류 메일함
　청구서함
　카페메일함
　스크랩함

∨ 더보기
　외부 메일 확인
　Daum 스마트워크
　환경설정 | 주소록

보내는사람　　봄날 <cofla9@hanmail.net> ∨
받는사람
참조 ＋
제목
첨부 ─　[파일 첨부하기]

박영민 선생님께

선생님, 안녕하세요. 8회 졸업생 김하나입니다.
지난번 동창회에서 10년만에 선생님을 뵐 수 있어서 정말 기뻤습니다. 선생님께서 전혀 변하지 않으셔서 다시 대학생 때로 돌아간 기분이었습니다.
선생님, 오늘은 부탁드릴 게 있어서 메일을 드립니다. 지난번 동창회에서 동창회 홈페이지를 만들자는 이야기가 있었습니다. 그래서 선생님께서 동창회에서 찍으신 사진을 홈페이지에 사용했으면 합니다. 안 바쁘실 때 첨부 파일로 사진을 보내주시겠습니까? 동창회에 못 온 친구들도 볼 수 있고, 저희들의 추억도 될 수 있을 거라고 생각합니다.
그럼 선생님, 건강하십시오.
또 연락드리겠습니다. 안녕히 계십시오.

김하나 올림

1 컴퓨터의 과거, 현재, 미래

1 次の図に入る適切な単語を下記から探して書きなさい。

☐모니터　　☐키보드　　☐소프트웨어　　☐(무선) 마우스　　☐프린터
☐스피커　　☐카메라　　☐하드디스크　　☐USB

2 コンピューターおよびインターネット関連の表現です。(　　) に入る適切な単語を選びなさい。

☐바이러스　☐아이디　☐비밀번호/패스워드　☐인터넷　☐오류　☐폴더
☐채팅(하다)　☐클릭(하다)　☐검색(하다)　☐삭제(하다)　☐다운로드(하다)
☐첨부(하다)

① 인터넷 (　　　　　　) (으)로 만난 친구와 지금도 연락을 합니다.
② 마우스 왼쪽을 (　　　　　) 폴더를 여세요.
③ 컴퓨터가 (　　　　　　) 에 걸려 자꾸 다운이 됩니다.
④ 이메일을 사용하려면 먼저 (　　　　　) 을/를 만들어야 합니다.
⑤ (　　　　　　) 은/는 잊어버리기 쉬워요. 꼭 다른 곳에 메모해 두세요.
⑥ 레포트를 작성한 후 (　　　　　) 에 저장했어요.
⑦ 요즘에는 (　　　　　) (으)로 신문도 보고 메일도 보내요.
⑧ 영민 씨는 음식점에 대한 정보를 (　　　　　) 프로그램을 개발했다.
⑨ 오래된 파일을 (　　　　　) 컴퓨터 속도가 더 빨라져요.
⑩ 메일 보낼 때 레포트도 함께 (　　　　　) 보내 주세요.

読む前に

皆さんはいつからコンピューターを使っていますか。コンピューターで主に何をしますか。そして何ができますか。そしてコンピューターの未来はどうなると思いますか。

Reading 「コンピューターの過去と未来」に対する様々なテキストです。

❶ 저는 오랫동안 컴퓨터를 사용해 왔습니다. 처음 시작한 것은 1988년, 제가 10살 때였습니다. 모니터, 하드디스크, 키보드가 하나로 된 컴퓨터였습니다. 그때는 컴퓨터가 비싸서 학원에서만 사용해 볼 수 있었습니다.

　1990년, 드디어 컴퓨터를 샀습니다. 99만원짜리 286 컴퓨터, 14인치 모니터와 40메가짜리 하드디스크. 그 당시 컴퓨터를 판 아저씨는 "40메가면 평생 쓸 수 있을 거예요." 라고 했습니다.

❷ ⓐ10년쯤 전에는 휴대전화는 휴대전화였고, 컴퓨터는 컴퓨터였다. 카메라는 카메라였고, 휴대용 미디어 플레이어 (예를 들어, iPod) 는 그냥 휴대용 미디어 플레이어였다. '컴퓨터의 미래는 전화기이다', 혹은 '전화기의 미래는 컴퓨터이다' 는 생각은 아무도 하지 않았다.

　2007년, 아이폰이 처음 나왔을 때, 이 작은 전화기가 세상을 바꿔 놓을 것이라고 생각한 사람은 많지 않았다(오히려 당시 많은 사람들은 "터치스크린 버튼? 나쁜 아이디어야. 아무도 좋아하지 않을 거야." 라고 말하기도 하였다.). (2017. HuffPost 「애플이 1995년에 그려 봤던 미래의 아이폰은 어떤 모습이었을까?」를 일부 수정)

❸ 미래의 인공 지능 컴퓨터는 스스로 학습을 하고, 스스로 사용자에게 필요한 정보를 만들어 낸다. 또한 사물 인터넷 (IoT) 기술이 발달하여, 사물과 사물이 모두 인터넷으로 연결되어, 사물 간에 서로 정보를 주고받을 수 있게 될 것이다. 가까운 미래에 우리는 주인의 목소리를 알아듣는 스피커, 남은 음식의 양을 알려 주는 냉장고, 비가 올 것이라는 것을 말해 주는 우산, 그리고 운동법이나 요리 레시피 등을 직접 연구해서 사용자에게 정보를 제공해 주는 가전제품 등도 볼 수 있게 될 것이다. (2017, 소년중앙 「미래의 집을 만드는 기술, 인공지능과 사물인터넷」) 을 일부 수정)

ⓐはどのような意味ですか。

❸ 人工知能とモノのインターネットを利用した技術にはどのようなものがありますか。

文法と表現

1　形・動-아/어 오다【～（し）てくる】

① 시험이 (가깝다　　　　　　　　) 긴장이 돼요.

　試験が<u>近づいてくるから</u>緊張します。

② 벌써 아침이 (밝다　　　　　　　).

　もう朝が<u>明るくなってくる</u>。

③ A: 하나 씨, 영민 씨랑 어떤 사이예요?

　　ハナさん、ヨンミンさんとどういう関係ですか。

　B: 영민 씨는 어릴 때부터 (사귀다　　　　　　　) 친구예요.

　　ヨンミンさんは幼い時から<u>つきあってきた</u>友達です。

2　아무名도【何も、誰も】

① 지금 집에 (　　　　　　　　) 없어요.

　今家に<u>誰も</u>いません。

② 오늘 하루 종일 (　　　　　　　) 안 먹었어요.

　今日一日<u>何も</u>食べませんでした。

③ A: 내일 어디 가요?

　　明日どこか行きますか。

　B: (　　　　　　　　　) 안 가요. 왜요?

　　<u>どこにも行きません</u>。どうしてですか。

3　動-게 되다【～ようになる】

① 최근 클래식 음악에 관심을 (가지다　　　　　　　　).

　最近クラシック音楽に興味を<u>持つようになりました</u>。

② 어릴 때 친구의 소식을 우연히 (듣다　　　　　　　).

　幼い時の友達の知らせを偶然<u>聞くようになりました</u>。

③ A: 급한 일이 생겨서 내일 모임에 (못 가다　　　　　　　). 정말 미안해.

　　急用ができて明日の集まりに<u>行けなくなった</u>。本当にごめん。

　B: 정말? 안 됐지만 할 수 없지 뭐.

　　本当？　残念だけど仕方ないね。

2 SNS피로증후군

1 次の内容はスマートフォンの長所と短所について話をしているものです。

A: 나는 길치라서 스마트폰 없이는 아무 데도 못 가! 옛날에는 약도를 보거나 전화로 길을 묻거나 해서 약속 장소를 겨우겨우 찾아갔는데, 요즘은 구글맵 (Google Map) 이 길 안내까지 해 주니까 길 잃을 염려가 없어졌어.

B: 맞아. 그리고 메일이나 메시지도 금방 확인할 수 있고. 정보나 자료를 찾을 때도 편리해졌어.

C: 그것 말고도, 예전에는 무거운 사전을 들고 다녔는데, 요즘에는 사전 앱 하나만 있으면 모르는 단어가 있을 때마다 금방 검색할 수도 있어.

D: 또 사진도 손쉽게 찍을 수 있으니까 여행 갈 때 무거운 카메라를 가지고 다닐 필요도 없고. 이제 스마트폰은 우리 생활에 없어서는 안 될 것 같아.

E: 맞아, 그리고 ＿＿＿＿＿＿＿＿＿＿＿＿＿＿＿＿＿＿＿＿＿

F: 너희들은 그렇게 생각하니? 나도 스마트폰이 있지만, 스마트폰이 없어도 상관없다고 생각해. 그냥 휴대전화만으로도 충분하지 않아? 휴대전화로 전화도 할 수 있고 메시지도 보낼 수 있고. 그리고 어쨌든 카메라도 달려 있으니까 사진도 찍을 수 있고.

G: 맞아, 그리고 ＿＿＿＿＿＿＿＿＿＿＿＿＿＿＿＿＿＿＿＿＿

皆さんは誰の意見に同意しますか。その理由は何ですか。

ＥとＧに入る内容を考えてみましょう。

読む前に

SNS をよく利用しますか。SNS の長所と短所は何であると思いますか。

SNS を利用する時、疲労感や不安感などを感じたことがありますか。

Reading 最近増加している「SNS」シンドロームに関するテキストです。

해도 피곤, 안 해도 피곤

SNS피로증후군

인터넷이 보급되면서 우리의 커뮤니케이션 형태도 많이 변했다. SNS는 이제 인간 관계에 있어서 없어서는 안 되는 것이라고 말하는 사람도 있을 정도이다.

SNS의 장점은 다양한 정보를 얻을 수 있고, 인맥과 관계 유지에 도움이 된다는 데 있다. 그런데 최근 네티즌 사이에서는 SNS피로증후군이라는 신조어가 화제가 되고 있다.

SNS피로증후군이란, SNS를 너무 많이 사용해서 생기는 정신적, 육체적 피로감을 말한다. 일단 SNS를 시작하게 되면, 우리는 더 많은 사람들이 반응해 주기를 원하게 된다. 그래서 서둘러서 새로운 글을 올리려고 하고, 자기가 올린 글에 댓글이 달렸는지 시도 때도 없이 확인하기도 한다. 댓글이 적거나 반응이 좋지 않으면 불안감을 느끼기도 하고, 심지어 짜증을 내기도 한다. 또 연락을 끊고 싶은 사람과 관계가 계속되어 스트레스가 쌓이기도 하고, 공개하고 싶지 않은 개인적 이야기들을 남들이 알게 될까 봐 불안해 하기도 한다. 이런 증상이 모두 SNS피로증후군에 속한다.

그럼, SNS피로증후군에 걸렸다면 어떻게 해야 할까? 걱정할 것 없다. SNS피로증후군의 해결책은 간단하다. SNS로 인해 불안감이나 피로감 등을 느낀다면, SNS를 그만두면 된다. 결국은 SNS를 이용함으로써 생긴 문제이기 때문이다.

❷ SNS 疲労シンドロームとは何のことですか。

❸ SNS 疲労シンドロームの症状としてどのようなものがありますか。

❹ SNS で疲労感を感じたらどのようにするのがいいと思いますか。

🗨 皆さんは SNS を利用しながら上記のような疲労感や焦り、不安感を感じたことがありますか。

文法と表現

1　動-아/어서는 안 되다【～してはいけない】

① 비행기 안에서 담배를 (피우다　　　　　　　　).

飛行機の中でタバコを<u>吸ってはいけません</u>。

② 도서관에서 큰 소리로 (떠들다　　　　　　　　).

図書館で大きい声で<u>騒いではいけません</u>。

③ A: 감기에 걸렸을 때 주의해야 할 것이 있습니까?

　　風邪をひいた時、注意すべきことがありますか。

　B: 사람이 많은 곳에 (가다　　　　　　　　). 전염될 수 있으니까요.

　　人が多いところに<u>行ってはいけません</u>。移る可能性がありますから。

2　名(으)로써【～で・～でもって】

① 문제는 (　　　　　　　　) 풀어야 해요.

問題は<u>対話で解決</u>しなければなりません。

② (　　　　　　　　) 모든 걸 해결하려고 하지 마세요.

<u>お金で</u>すべてを解決しようとしないでください。

③ A: 가수가 된 특별한 계기가 있어요?

　　歌手になった特別なきっかけがありますか。

　B: 저는 (　　　　　　　　) 다른 사람들에게 힘을 주고 싶었어요.

　　私は<u>歌で</u>ほかの人に力を与えたかったです。

3　形・動-(으)ㄹ까 봐【～（する）かと思って】

① 시험 결과가 (나쁘다　　　　　　　　) 걱정이에요.

試験結果が<u>悪いかと思い</u>心配です。

② 부모님이 (걱정하시다　　　　　　　　) 매주 전화를 드리고 있어요.

親が<u>心配するかと思って</u>毎週電話をしています。

③ A: 고민이 있으면 나한테 이야기하지 그랬어.

　　悩みがあったら私に話したらよかったのに。

　B: 미안. 너 바쁜데 (방해가 되다　　　　　　　　) 그랬어.

　　ごめん。あなたが忙しいのに<u>邪魔になるかと思って</u>そうしたの。

UNIT 10

Unit 10 컴퓨터와 통신　**083**

Column10　受け身

文章は行動や作用の方向性によって能動文と被動文（受け身文）に分けることができます。主語が自ら行動し対象に作用を及ぼすことを「能動」といい、主語が他者からの行動や作用を受けることを「被動（受け身）」といいます。下の例では「물다」が能動詞、「물리다」が被動詞です。

● 고양이가 쥐를 물었습니다.
　 猫がネズミを噛みました。

● 쥐가 고양이한테 물렸습니다.
　 ネズミが猫に噛まれました。

・作り方：動詞の語幹＋'-이-', '-히-', '-리-', '-기-'

-이-	-히-	-리-	-기-
보다-보이다	잡다-잡히다	듣다-들리다 물다-물리다	안다-안기다

● 어제 도둑이 경찰한테 잡혔어요.
　 昨日泥棒が警察に捕まりました。

● 여러분, 제 목소리 잘 들려요?
　 皆さん、私の声よく聞こえますか。

● 모기한테 물렸어요.
　 蚊に刺されました。

〈参考〉韓国語では被動詞を持つ能動詞より、被動詞を持たない能動詞の方がはるかに多くあります。被動文は、上記のような接辞を使う以外に、「-되다」「-당하다」「-어지다」などを使って作ることもできます。

● 이것은 저것과 관련된다.
　 これはあれと関連付けられる。

● 데이트 신청을 했지만 거절당했다.
　 デートの申し込みをしたが、断られました。

● 새로운 사실이 밝혀졌다.
　 新しい事実が明らかになった。

084

日本語訳と解答

単語帳

UNIT 01　ファッションと買い物

1

韓国では恋人の間で靴やハンカチ、黄色いバラはプレゼントしません。これらのプレゼントが別れを意味するからです。例えば、靴は恋人がそれを履いて逃げることができます。ハンカチは（別れた後）涙を拭くとき使います。そして黄色いバラは花言葉の意味が「嫉妬する」「愛が冷める」だからです。

2

	彼氏からもらいたいプレゼント	彼女からもらいたいプレゼント
1位	ネックレス	時計
2位	財布	運動靴
3位	香水・化粧品	財布・服
4位	カバン	香水・化粧品
5位	時計	靴
6位	指輪	手紙
7位	花	美味しい料理
8位	下着	下着

1　市場で

1

[例]
①時計　⑨靴
⑧かばん　②指輪
⑦財布　⑤スカート
④メガネ　⑥帽子
③傘

2

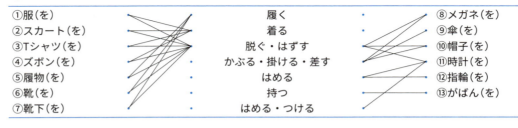

①服（を）　　　　　　　　　　履く　　　　　　　　　⑧メガネ（を）
②スカート（を）　　　　　　　着る　　　　　　　　　⑨傘（を）
③Tシャツ（を）　　　　　　　脱ぐ・はずす　　　　　⑩帽子（を）
④ズボン（を）　　　　　　　　かぶる・掛ける・差す　⑪時計（を）
⑤履物（を）　　　　　　　　　はめる　　　　　　　　⑫指輪（を）
⑥靴（を）　　　　　　　　　　持つ　　　　　　　　　⑬かばん（を）
⑦靴下（を）　　　　　　　　　はめる・つける

Reading　外国人学生が市場から帰ってきた後に書いたエッセイです。

　私は市場に行くことが好きです。市場の見物はいつも面白いです。「いらっしゃいませ！」「ズボン見ていってください。」「靴下が10,000ウォンで5足」「卵が来ました、卵が…、大きくてフレッシュな卵が10個で1,000ウォン、20個で2,000ウォン…」「えー、おじさん、ちょっとまけてください。」
　物を売る人も物を（ⓐ買う）人も見物する人もみんな楽しそうです。
　市場ではいろいろな料理も味わうことができます。一番人気ある料理はのり巻きとトッポッキ、揚げ物です。私も

この食べ物が一番好きです。

久しぶりに週末に友達と一緒に市場に行きました。冬が（ⓑ来る）前にセーターを一着買いたかったです。市場には安くてデザインも可愛いセーターがたくさんありました。おじさんが値段を安くしてくれてセーターを（ⓒ安く）買うことができました。

買い物を（ⓓした）後には市場でのり巻きとトッポッキを食べました。道で立ちながら食べ物を食べるのも面白い経験でした。

③ ① この人は市場に行くことが好きです。（ ○ ）
② この人は上手に値切りします。（ × ）
③ 市場ではいろいろな食べ物を売っています。（ ○ ）
④ この人はセーターを買いに市場に行きました。（ ○ ）
⑤ 友達は何も買いませんでした。（ ○ ）

④ ⓐ 사는、 ⓒ 싸게

⑤ ⓑ 오기、 ⓓ 한

文法と表現

① ① 자기 전에
② 오기 전에
③ 수업 전에

② ① 끝난 후에
② 먹은 후에
③ 수업 후에

③ ① 어려 보여요
② 예뻐 보이네요
③ 안 좋아 보여요

② ファッションの常識：TPO

①

①好きな服	□フォーマル		□カジュアル		
②スタイル	□楽なスタイル		□綺麗でかわいいスタイル		
	□セクシーなスタイル		□派手なスタイル		
	□流行っているスタイル				
③価格	□安い		□高い		
④サイズ	□少し大きいサイズ		□体にぴったり合うサイズ		
	□少し小さいサイズ				
⑤好きな色	□明るい色		□暗い色		
	□赤色	□黄色	□青色	□灰色	□紫色
	□緑色	□藍色	□白色	□黒色	
⑥服を買うところ	□デパート	□市場	□服屋	□ネットショッピング	
⑦ショッピング回数	□よく	□時々	□ほとんどしない	□全くしない	

【例】
①○○さんはどんな服が好きですか。
　（もしくは）○○さんはフォーマルがお好きですか、カジュアルがお好きですか。
②どんなスタイルの服がお好きですか。
③値段は？
④サイズは？
⑤明るい色の服が好きですか、暗い色の服が好きですか。
⑥どんな色が好きですか。
⑦よく買い物しますか。
⑧どこで普段服を買いますか。

Reading TPOに関するラジオ放送の内容です。テキストを読んで、質問に答えなさい。

　皆さん、こんにちは。MBSラジオ、「こんな時はどうする？」の金ハナです。
　今日は何を着て行こうかな。友達の結婚式なのにワンピースを着て行ってもいいのかな等々。毎日服選びが易しくないでしょう。それで準備しました。「こんな時はこのように」
　皆さん、TPOという言葉を聞いたことがありますか。まず、TPOのTは時間(Time)、つまり天気や季節を意味します。晴れた日、雨の日、雪の日、風の吹く日、そして春、夏、秋、冬、等々、天気や季節に合わせて服を着るのが大事です。
　Pは場所(Place)です。結婚式に行く時、面接を受けに行く時、運動しに行く時等、場所に合った服を着るのも大事です。結婚式に行く時にジャージを着たり、運動しに行く時スーツを着るのはダメですよね。
　最後に、TPOのOは状況(Occasion)です。全体的に色がよく似合うのか、天気に合った服なのか、場所に似合うのか等、状況は全体的なバランスを意味します。
　いかがですか。難しくないでしょう。放送を聞いた皆さん、これから TPOに合わせて服を着てください。MBSラジオ、「こんな時はどうする」の金ハナでした。

2 T：time（시간）、P：place（장소）、O:Occasion（상황）

3 ① ［ヨンミン］雨の日、白色のブラウスを着て出勤します。（×）
　② ［ハナ］ジーンズにTシャツを着て結婚式に行きます。（×）
　③ ［ジュンミン］カジュアルな服を着て面接に行きます。（×）
　④ ［ミンソ］黒色の洋服、黒色のネクタイ、白色の靴下を履いてお葬式に行きます。（×）

文法と表現

1 ① 웃을 때
　② 어릴 때
　③ 심심할 때

2 ① 앉아도
　② 갔다 와도
　③ 입어 봐도

3 ① 배우기
　② 외우기
　③ 보기

UNIT 02　身体と健康

1

［絵1］	□頭	□首(喉)	□肩	□腰	□胸	□背中	□腕	□手	□お腹	□脚	□膝
	□お尻	□足	□手の指	□足の指	□皮膚
［絵2］	□顔	□目	□鼻	□口	□耳	□歯	□唇	□舌
［絵3］	□心臓	□肺	□肝臓	□胃	□腸

2

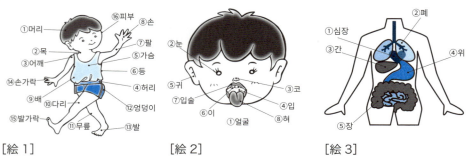

［絵1］　　　　　　［絵2］　　　　　　［絵3］

3

①見る(눈)　②聞く(귀)　③食べる／飲む(입)　④においをかぐ(코)　⑤噛む(이)　⑥考える(머리)
⑦息をする(코, 폐)　⑧消化する(위)　⑨触る(손)　⑩歩く／走る(발, 다리)

1 症状と治療

1

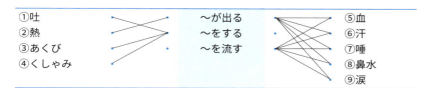

2

□胃がもたれる
□下痢する
□便秘にかかる
□(喉・顔が)はれる
□몸살*にかかる
□(蚊に)刺される
□(皮膚が)かゆい
□(水に)溺れる
□(脚を)けがをする
□(足首を)ひねる
□(脚が)折れる

□薬を飲む
□薬をぬる
□消毒をする
□ギプスをする
□注射を受ける
□湿布を貼る
□レントゲンを撮る

□治療する
□(病気が)治る

*몸살：疲れが溜まって発生する病気のこと(手や足に痛みがあったり、風邪のような寒気を感じたりする症状が起こる)

読む前に

3

①手をよく洗います。　　　　　②よく食べてよく寝ます。
③水をたくさん飲みます。　　　④お酒とタバコを止めます。
⑤果物と野菜をたくさん食べます。⑥塩で歯を磨きます。
⑦予防注射を受けます。　　　　⑧人が多い所ではマスクをします。
⑨ビタミンCがたくさん入っている食べ物を食べます。
⑩外出から戻ってくると鼻の中と喉をきれいにします。

Reading　次のテキストを読み、質問に答えなさい。

　何日か前から咳が出て熱も(ⓐひどく)出ました。頭もひどく痛かったです。食欲もないし、夜よく眠れなかったです。二日間で体重が2kgも減りました。薬を飲んでも治らなくて、今日はマスクをして家の近くの内科に行って診察を受けました。病院で体温を測ってみたら38℃を超えていて(ⓑびっくり)しました。レントゲンを撮って血液の検査もしました。
　検査の結果を見てお医者さんは、「胸と肺には特に問題がありませんね。インフルエンザでもありませんし。ただの風邪のようです。何日か薬を飲んで(ⓒぐっすり)休んでください。」と言いました。お医者さんの言葉を聞いて安心しました。
　お医者さんからもらった処方せんを持って薬局に行って薬を買いました。今日は何もせずに薬を飲んで(ⓓぐっすり)休もうと思います。
　皆さん、皆さんも今年の冬、風邪をひかないように気を付けてください。

4　(⑥)

① 咳が出ます。　　　　② 熱があります。
③ 頭痛がひどいです。　④ 食べ物を食べたい気持ちが無いです。
⑤ 不眠症があります。　⑥ 太ります。

5　ⓐ 심하게/많이, ⓑ 깜짝, ⓒ 푹, ⓓ 푹

6 ① 진찰을 받다 (診察を受ける)→② 체온을 재다 (体温を測る)→③ 엑스레이를 찍다 (レントゲンを撮る)→④ 피 검사를 하다 (血液検査をする)→⑤ 처방전을 받다 (処方せんを受け取る)→⑥ 약국에 가서 약을 사다 (薬局に行って薬を買う)

文法と表現

1
① 고프지 않아요
② 가지 않습니다
③ 말하지 않았어요

2
① 먹지 못했어요
② 만나지 못해요
③ 드리지 못했습니다

3
① 받고(요)
② 밝고(요)
③ 좋았고(요)

2 生活の中の健康常識

1

質問	はい	いいえ
①食事時間が不規則です。		
②朝食を食べないときが多いです。		
③1週間に一回も運動をしないときがあります。		
④タバコを吸います。		
⑤夕方になるとお酒が飲みたくなります。		
⑥塩辛い食べ物、辛い食べ物など刺激的な食べ物が好きです。		
⑦階段を上ると息切れがします。		
⑧よくイライラします。		
⑨ストレスが多いです。		
⑩疲れやすいです。		
⑪いつも体が重いです。		

読む前に

タバコとお酒は私のためのプレゼント　　　　　　　　　　　　　　　　　　大邱市 金ジュンミン(25歳)

　最近、健康に対する関心が高まっているせいだと思うが、体に悪いから、あるいは太るからという理由で酒やタバコ、甘いものなどを我慢する人が増えました。でも私はあまり気にしないです。なぜならば、タバコとお酒は私が私にくれる特別なプレゼントだからです。むしろタバコと酒を我慢するとストレスが溜まって健康に有害です。したいことがあれば我慢せず、たくさん食べてたくさん飲んで、楽しみながら生きていきたいです。

Reading　次は「健康常識」に関するラジオの対話文です。

金ハナ：皆さん、こんにちは。MBSラジオ「生活の中の健康」の金ハナです。寒くなる最近、皆さん！健康に関する悩みが多いでしょう。今日はヨンミン病院の高ヨンミン先生を招いて健康についての話を一緒にしてみようと思います。高ヨンミン先生、こんにちは。

高ヨンミン：はい、こんにちは。高ヨンミンです。

金ハナ：最近健康に関心が多いです。先生、生活の中で健康を守る方法がありましたらいくつか紹介してください。

高ヨンミン：第1に、水をたくさん召し上がってください。「朝飲む一杯の水は補薬と同じだ」という言葉もありますよね。この言葉のように、水は私たちの健康にとても大事です。水は一日に8杯ぐらい召し上がる方がいいです。水を飲むと私たちの体の中の悪いものが外へ出ます。朝起きた後や寝る前に飲む水が特に健康にいいです。水を飲むときは急いで(ⓐ飲まずに)ゆっくり飲んだ方がいいです。

　　　第2に、規則的に運動をされてください。急に運動を激しくする(ⓑの)はよくないです。運動は一回に長くするより毎日する(ⓒ方)がもっと大事です。初めは軽く、そして毎日少しずつ運動をされてください。週に4～5日程度運動して、2～3日程度は休んだ(ⓓ方)がいいです。

第3に、よく、たくさん笑って、できればすべてのことを肯定的に考えようと努力されてください。(継続)

2
① 水はよく、たくさん飲む方が良い。(○)
② 水は朝起きてから、もしくは寝る前に飲んだ方がいい。(○)
③ 水は喉が渇いたときだけ飲むべきだ。(×)
④ 規則的に運動をした方がいい。(○)
⑤ 時間を作りにくいときは一度に長く運動をした方がいい。(×)
⑥ 運動は毎日規則的に少しずつした方がいい。(○)

3 ⓐ 마시지 말고

4 ⓑ 것、ⓒ 것、ⓓ 것

文法と表現

1
① 감기 때문에
② 너 때문에
③ 시험 때문에

2
① 가지 말고
② 싸우지 말고
③ 화만 내지 말고

3
① 걷는 게 (것이)
② 지우는 게 (것이)
③ 보는 게 (것이)

UNIT 03　旅行と交通

◆◇◆◇◆◇◆◇◆◇◆◇◆◇◆◇◆◇◆◇◆◇◆◇◆◇◆◇◆◇◆◇◆◇◆◇◆◇◆

1

① ―――― まっすぐ行ってください／直進してください。
② ―――― 右側に行ってください／右折してください。
③ ―――― 左側に行ってください／左折してください。
④ ―――― ここに駐車してもいいです。
⑤ ―――― ここで道を渡ることができます。
⑥ ―――― ここに駐車してはいけません。
⑦ ―――― ここで道を渡ることができません。
⑧ ―――― 携帯電話はマナーモードに設定してください。
⑨ ―――― ここにはお年寄りや妊婦さん、体が不自由な人だけ座ることができます。
⑩ ―――― ここで5号線に乗り換えてください。

2

①ジョブコリアがソウルの会社員940名を対象にして、通勤時によく利用する交通手段を調査した結果、バスと地下鉄を最も多く利用することが分かりました。
②去る4月、統計庁は会社員が通勤にかかる時間を調査した結果を発表しました。その結果、韓国の会社員は通勤に1時間30分程度を使っていることが分かりました。
③同じ調査で、会社員の35％は通勤時「スマートフォンを見る」と答え、34.7％は「何もしない」、26.1％は「音楽やラジオを聴く」と答えました。4.2％は「本や雑誌を読む」と答えました。

1　水原華城旅行

1

①どこへ行きましたか。	□山　　□海　　□島　　□城(古宮)
	□博物館　　□動物園　　□遊園地
②いつ行きましたか。	□去年　　□今年　　□○週前　　□○ヶ月前　　□○年前
③どのくらい行きましたか。	□日帰り　　□1泊2日　　□2泊3日

		□3泊4日　　□1週間以上
④どのようにして行きましたか。		□飛行機で　　□バスで　　□船で　　□汽車で
		□レンタカーで　　□自動車で　　□自転車で
		□徒歩で(歩いて)
⑤どこに泊まりましたか。		□民宿　　□ホテル　　□ゲストハウス
		□コンドミニアム　　□キャンプ　　□友達の家／親戚の家
⑥誰と行きましたか。		□友達と　　□家族と　　□一人で
⑦そこで何をしましたか。		□_____を見物しました。
		□_____を食べました。
		□_____に行きました。
		□_____をしました。
		□_____を買いました。
⑧どうでしたか。		□面白かったです。　　□まあまあでした。
		□_____。
⑨今度はどこへ行きたいですか。		□_____に行きたいです。
⑩そこで何をしたいですか。		□_____をしたいです。

読む前に

🚗 大衆交通利用案内

出発地	案内
サダン駅	サダン駅4号線4番出口に出て直行バス7770番乗車 → 京畿日報停留場下車 → 一般市内バス27番、62-1番乗換 → 華城行宮停留場下車 → 華城行宮到着

🚗 乗用車利用案内

出発地	案内
水原IC （京釜高速道路）	水原駅方面へ左折後1.1km直進 → 水原華城博物館方面へ右折後240m直進 → 八達門ロータリー → 華城行宮到着

Reading　「水原華城」に関する旅行商品広告です。

世界文化遺産「水原華城」100倍楽しむ！【ソウル・水原駅出発】120,00ウォン〜
1泊2日(往復交通費・宿泊費・入場料・旅行者保険含、20名以上前払い時20%割引)
朝鮮時代の伝統と文化を理解して体験できる人気コース！
水原華城は朝鮮時代の王の正祖が建てた城で、1997年ユネスコ世界文化遺産として指定されました。「CNN選定、韓国で行くべき美しい所50」と「2012年韓国観光の星」としても選定されました。
◎城周辺のウォーキング
　水原華城は広くて見どころも多いです。一つ見落とさず全てを見るなら、計画をちゃんと立てるのが大事です。
　華城で欠かせないコースといえば、間違いなく行宮道！ここには料理店と伝統のお茶屋が揃っていてしばらく休んで行くにもとてもいいです。
◎夜間ツアー
　華城を歩きながら美しい夜景と伝統公演が楽しめるチャンス。1年のうちで、春と夏だけできる体験です。明るい月の光と草の香りにまるで朝鮮時代へタイムマシンに乗ってきたような気分になるはずです。予約は必須！

2 ① 華城夜間ツアーは一年ずっとできます。（×）
② タイムマシンに乗って朝鮮時代へ行けます。（×）
③ 夜間ツアーは予約をした時のみ参加ができます。（○）
④ 華城は朝鮮時代の王が住んでいた所です。（×）

文法と表現

1 ① 가려면
② 사려면
③ 끝내려면

2 ① 웃으며
② 비를 맞으며
③ 하며, 읽으며

3 ① 오는 듯해요
② 좋을 듯해요
③ 바쁘신 듯해서

2 ソウルのあちこち

1

今年一年間ソウルで外国人観光客が最も訪れたところは？
- 2017年ソウルを訪問した観光客のうち3人中1人は中国人
- 明洞を最も多く訪問（58.9%）
- その次は東大門市場（45.8%）、景福宮などの古宮（31.6%）、南大門市場（26.5%）、南山・Nソウルタワー（25.5%）、ロッテワールド（24.3%）、仁寺洞（23.8%）、博物館・記念館（20.4%）、新村・弘大周辺（19.6%）、梨泰院（17.5%）の順であった。

2

今年一年、ソウルで外国人観光客が一番多く訪れたところは（①明洞）、その次は（②東大門市場）、（③景福宮などの古宮）などの順であった。

① 명동　　② 동대문시장　　③ 경복궁 등의 고궁

読む前に

★可愛くて安い服と化粧品、アクセサリーを見たいです。　　　　　　　　　　　　　　　→【明洞】
★人の匂いがする、そして美味しい料理が安く食べられる所に行ってみたいです。
　　　　　　　　　　　　　　　　　　　　　　　　　　　　　　　　　→【広蔵市場モクチャコルモク】
★韓国人の若者の文化を見て感じたいです。　　　　　　　　　　　　　　　　　　　　　→【大学路】
★韓国の歴史も知りたいし、可愛い写真もたくさん撮りたいです。　　　　　　　　　　　→【景福宮】

Reading　次の文章はソウルの観光地紹介の冊子に掲載されている内容です。

①**広蔵市場モクチャコルモク**：地下鉄鍾路5街駅から降りて9番出口を出ると100年の歴史を誇る広蔵市場があります。
　市場でも最も有名な所はモクチャコルモクです。ここではチョン（チヂミ）、ユッケ、麻薬*のり巻き、刺身、ビビンバ、トッポッキなど、安くて多様な（ⓐ料理・食べ物）を味わうことができます。1万ウォンの幸せを感じたいなら、広蔵市場モクチャコルモクに是非一度行ってみてください。　　　　　　　　　　　　　　　＊クセになることの例え

②**大学路**：大学路は韓国の若者の（ⓑ文化）を味わうことができる所です。ここには小さい劇場が多くていろいろな演劇と公演を見ることができます。また、アフリカ博物館もあり、外国の料理を売る食堂も多いです。週末には道で踊ったり、歌を歌う人々も見ることができます。

③**明洞**：（ⓒショッピング）がしたいなら明洞はいかがですか。明洞は日本人に一番人気がある所の一つです。特に日本のゴールデンウィークが始まると明洞はもっと忙しくなります。履物、服、アクセサリーまで、ないものがなくて、全て安い値段で楽しめます。その中でも一番人気があるショッピングの場所は化粧品売場。
　露店で美味しい料理も味わえるので何回行っても飽きません。

④**景福宮**：大都市で韓国の昔の（ⓓ宮殿）に会う経験ができます。近くに博物館も多く、「伝統文化の道」と呼ばれる仁寺洞もあるので外国人観光客がたくさん訪れる所です。宮殿が広くて景色もきれいなので散歩や写真を撮るにもいいです。頭も休め、目も休めたければ、今週末は景福宮に一度行ってみるのはいかがですか。韓服を着て行くと無料で入場もできます。

3 ⓐ 음식/요리/먹을 것　ⓑ 문화　ⓒ 쇼핑　ⓓ 궁궐

文法と表現

1
① 마시거나
② 듣거나
③ 보거나

2
① 한잔하는 게 어때요
② 가 보는 게 어때요
③ 쉬는 게 어때요

3
① 듣는다면
② 막히지 않는다면
③ 공부했다면

UNIT 04　食べ物と飲み物

1

①食事	□ご飯　□パン	
②肉	□牛肉　□鶏肉　□豚肉	
③果物	□梨　□リンゴ　□ブドウ　□スイカ　□桃　□イチゴ	
④野菜	□大根　□長ネギ　□玉ねぎ　□白菜　□唐辛子　□ニンニク □ジャガイモ　□サツマイモ	
⑤魚	□刺身　□鯖　□イカ　□マグロ	
⑥飲料	□水　□牛乳　□コーラ　□ジュース　□緑茶　□コーヒー □お酒　□ビール　□焼酎	

2

⑦食事・料理	□素麺　□のり巻き　□冷麺　□ビビンパ　□うどん　□ラーメン □トッポッキ　□カルビ　□プルゴギ　□サムギョプサル　□チキン
⑧おかず	□ノリ　□ネギヂヂミ　□キムチ　□ナムル
⑨汁(汁／チゲ)	□キムチチゲ　□テンジャンチゲ　□スンドゥブチゲ □サムゲタン　□カルビタン　□ワカメスープ　□ソルロンタン

3

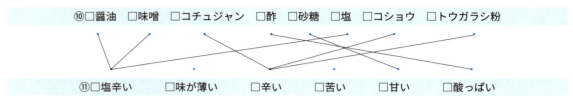

⑩ □醤油　□味噌　□コチュジャン　□酢　□砂糖　□塩　□コショウ　□トウガラシ粉

⑪ □塩辛い　□味が薄い　□辛い　□苦い　□甘い　□酸っぱい

1 韓国の食事マナー

1
① テーブルで鼻をかみません。
② 食べ物をバランスよく食べます。
③ お年寄りより先に食べません。
④ 食事中に食べ物を噛む音を立てません。
⑤ スプーンとお箸を同時に使いません。
⑥ ご飯茶碗や汁椀を手に持って食べません。
⑦ 口の中に食べ物がある時は話しません。
⑧ 大人が食事を終えるまで席から立ちません。

⑨ 咳やくしゃみが出る時には顔を横に向けて手で口を隠します。
⑩ 汁がある料理を先に少し食べてから料理を食べはじめます。

Reading　「韓国の食膳」に関するテキストです。

　人によって好きな食べ物、嫌いな食べ物が異なります。同じく、国ごとにその国の人々が好きな食べ物が異なります。テーブルでのエチケットも同じです。
　韓国では食事をする時、スプーンとお箸を全て使います。スプーンはご飯と汁を食べる時に使い、お箸はおかず、特に汁がないおかずを食べる時に使います。
　食事を準備する時、ご飯と汁は食べる人の手前の真ん中に置きます。その際、ご飯は左、汁は右に置きます。スプーンとお箸は汁の右側に数字の1のように置きます。スープのように、一緒に食べるおかずはご飯と汁の前に置きます。
　ご飯を食べる時にもう一つ守るべきエチケットがあります。日本とは違って、韓国ではご飯茶碗と汁椀を手に持って食べては（ⓐいけません）。ご飯茶碗と汁椀をテーブルの上に置いてスプーンで食べなければなりません。

❷ 안 됩니다.

文法と表現

❶ ① 날마다/매일
　② 사람마다
　③ 일요일 아침마다/매주 일요일

❷ ① 담배를 피우면 안 됩니다
　② 버리면 안 돼요
　③ 이렇게 하면 안 돼요

❸ ① 달리
　② 일본 사람들과 달리
　③ 예상과 달리

2　韓国の最新のトレンド：ホンバプ

1

(1) ソウルのある大学で外国人留学生を対象にして「ⓐ（一番好きな韓国料理）」を問うアンケート調査を実施しました。調査の結果、32%の学生がチメク（チキン＋ビール）だと答えました。その次はビビンバが23%、プルコギが18.6%でした。そのほかにも、留学生はサムギョプサル（14.2%）、トッポッキ（8.8%）、ネギチヂミ（6.6%）、サムゲタン（4.3%）が好きと答えました。（2014、慶熙大学国際教育院）
(2) また別の調査で、「ⓑ（故郷に帰る時、持って帰りたい韓国の料理）」を問う質問にはラーメンが1位（41%）、プルコギが2位（20%）、チメクが3位（17%）、キムチが4位（14%）、韓国のりが5位（8%）という結果が現れました。（2014、慶熙大学国際教育院）
(3) 韓国観光公社は先月3日から今月8日までフェイスブックを通して日本人8万人を対象にして「ⓒ（一番好きな韓国のB級グルメ）」を問うアンケート調査を実施しました。調査の結果、のり巻きが1位を占めました。2位はタッカンジョン、3位はホットク、4位は卵パン、5位はピンデトック、6位はトッポッキでした。（2016、韓国観光公社）
※B級グルメ：安い価格で道で簡単に食べられる大衆料理

❷ ① 一番好きな韓国料理（ⓐ）　② 一番好きな韓国のB級グルメ（ⓒ）
　③ 故郷に帰る時、持って帰りたい韓国の料理（ⓑ）

読む前に

- 1段階：コンビニで一人で食べる
- 2段階：学生食堂で一人で食べる
- 3段階：ファストフード店で一人で食べる
- 4段階：粉食店（韓国の軽食料理屋）で一人で食べる
- 5段階：中華料理店で一人で食べる
- 6段階：おいしい店で一人で食べる
- 7段階：ファミリーレストランでスパゲッティ、ピザなど一人で食べる
- 8段階：焼き肉屋、刺身屋で一人で食べる
- 9段階：飲み屋で一人でお酒飲む
- 10段階〜：？

Reading　最近のトレンドの一つ、「一人ご飯（혼밥）」文化を扱った記事の一部です。

"一人で食べてもおいしい！"

Unit 04 食べ物と飲み物　**095**

一人ご飯族の関心メニューは「お弁当」と「お肉」

一人ご飯は「一人で食べるご飯」、または「一人で食べる」という意味である。最近一人で食べる人が増えながら生じた新造語である。食堂で一人でご飯を食べる人々を「婚飯族」と呼ぶ。

最近ニルソンコリアが一人ご飯の実態を調査するため、一人ご飯と関連した国内のオンラインのビッグデータを分析した結果を発表した。

婚飯族の関心メニュー1位は「お弁当」

一人ご飯と関連した「食べ物キーワード」を分析した結果、「お弁当」のバズ量が最も多く、その次は「焼き肉」、「ラーメン」、「サラダ」、「チキン」などの順であった。一人で食べるのが簡単で値段も安い「弁当」、「ラーメン」以外に、一人で食べるには少し負担になるメニューの「焼き肉」が2位であることが目を引く。

"一人で食べても美味しい！"

一人ご飯と関連した「感情キーワード」を分析した結果では、「おいしい」のバズ量が最も多く、その次は「大丈夫だ」、「楽だ」、「大変だ」、「幸せだ」、「面倒くさい」、「寂しい」などの順だった。この結果を通して、婚飯と関連して大勢の人が肯定的に考えていることが分かった。

婚飯のほかにも婚酒(一人でお酒を飲むこと)、婚映(一人で映画を観ること)のような単語もたくさん使われていることが明らかになった。ニルソンコリアは最近「一人世帯」が増えたことが「一人」文化が増加した一番大きい原因として見られると分析した。

※버즈량(バズ量)：ある主題語に対してオンライン上で言及された回数

(2016. ニルソンコリア)

❸ 혼밥: 혼자서 먹는 밥, 혼자서 먹는　　　혼밥족: 식당에서 혼자서 밥을 먹는 사람들
　　혼술: 혼자 마시는 술　　　　　　　　　혼영: 혼자서 보는 영화

文法と表現

❶ ① 들으면서
② 싸면서
③ 웃으면서

❷ ① 위해(서)
② 위한
③ 위해(서)

❸ ① 통해(서)
② 통해(서)
③ 통해(서)

UNIT 05　仕事と職業

1

◎小中学生の希望職業

順位	小学生	中学生
①	先生	先生
②	スポーツ選手	警察
③	医者	医者
④	料理人	スポーツ選手
⑤	警察	軍人

◎親が希望する将来の子どもの職業

職業	割合
公務員	24.8%
医師・薬剤師	15.2%
教師	7.6%
弁護士・判事	5.7%
大企業の会社員	4.8%
料理人	4.8%

(2016、教育部・韓国職業能力開発院、2016、ジョブコリア&アルバモン)

2

職業を選択するのは難しいことである。様々な職業の中でどのような職業を選択すべきか悩ましい。職業選択について悩んでいる人に3つの基準を提示する。

●頭を使うか、体を使うか？
●一緒にするか、一人でするか？
●お金を稼ぐか、興味(やりがい)を見るか？

(2012、キムサンホ博士の「全てありのままに進路talk」、ハンギョレ新聞)

1 職業の選択

1

職員募集	一緒にする方を探しています。
◆分野及び人員：営業職若干名 ◆志願資格：大学卒業以上 ◆提出書類：履歴書、自己紹介書 ◆受付方法：訪問受付/Eメール受付(abc@abc.co.kr) ◆受付期間：20XX.4.20(月)～4.30(水) 17:00まで ◆選考方法：1次書類審査／2次面接審査 　※面接は1次書類合格者に限る。 【ABC電子】	募集部分：営業 志願資格：20～35歳女性 受付期間：1月11日(火)～1月24日(月) 提出書類：履歴書、自己紹介書 提出方法：電子メール(hankook@korea.com)及び郵便 ※郵便の受付は1月24日午後5時までに到着しなければならない。 (株)韓国

UNIT 05

Speaking ① 努力　② 才能　③ 運とチャンス　④ 出身校　⑤ 親の職業

Speaking ① 適性　② 収入　③ 職場の雰囲気　④ 勤務条件　⑤ 昇進の機会　⑥ 個人の発展　⑦ 職業の安定性

Reading 大学の新聞に掲載された韓国の会社に就職した先輩のアドバイスです。

私はこうやって就職に成功した。

① 女性／日本／24歳(○○百貨店　営業チーム)
　今年3月からデパートで働いています。デパートの場合、韓国文化に対する理解と知識、そして経験がとても大切なようです。文化に対する理解と経験は一日二日で学べないから早い段階から準備をした方がいいです。韓国文化を理解すると職場の上司や仲間とも早く親しくなれるし、職場生活にも早く適応できる長所もありますよ！

② 男性／韓国／29歳(○○電子　マーケティングチーム)
　就職活動を始める前に企業が何を望んでいるかを知るのが大事です。私の場合、図書館やインターネットで資料を検索したり、就職セミナーなどに参加して企業を粘り強く研究して、分析したのが大きな助けになりました。

③ 男性／中国／28歳(○○テレコム　生産企画チーム)
　私の場合、韓国語の面接がなかなか難しかったです。それで韓国の会社に就職しようとするなら韓国語を一生懸命に勉強するのが大事だと思います。そして就職の準備はできるだけ早めに始めるほどいいです。そうだ、面接試験では韓国留学経験とアルバイト経験について聞かれました。

④ 女性／フィリピン／24歳(○○銀行)
　海外研修や外国語の点数などのようなスペック(spec)も大事でしょうが、私はいろいろな社会経験を積むことがもっと大事だと思います。経験を通して自分がうまくできることと好きな仕事、そして、その仕事のために今私がすべきことや準備しなければならないことが何かについて悩んでほしいです。

⑤ 男性／中国／28歳((株)○○重工業　研究開発室)
　今通っている会社に就職する前に書類や面接試験で何十回も落ちました。落ちる度に諦めようかと考えもしました。でも、志願者の能力が足りなくて就職ができないわけではないですよね。自分自身を信じて、諦めずに続けて挑戦してほしいです。

文法と表現

1
① 오는 것 같아요
② 바쁜 것 같아요
③ 올 것 같아요

2
① 안 왔는지
② 무슨 날인지
③ 사는지 알아요

3
① 많으면 많을수록
② 마실수록
③ 만날수록

❷ 会社員の自己啓発

❶

❶会社勤めをしながら外国語能力が大切だということを実感します。それで週2回、出勤前に英語の塾で英語を学んでいます。短い時間ですが集中して勉強できていいと思います。（27歳、○○電子営業部代理）

❷私は特に塾に通ったりしてはいません。代わりに、出勤前30分程度、新聞を細かいところまで読んでいます。（34歳、○○通信企画部課長）

❸年齢も40代半ばで、会食も多い方なので常に健康が心配でした。忙しくて別途運動する時間を設けるのも難しいし。それで先月から通勤の時、車の代わりに自転車に乗りはじめました。初めはとても疲れましたが、道も混まないし、また朝、夕方の涼しい空気が吸えてストレス解消にもなって、いい選択をしたみたいです。（46歳、○○貿易部長）

Reading 「20××年韓国の社会人探求」というテレビプログラムの一部です。

会社員は退勤後夕方に何を一番したがっているでしょうか。

調査の結果、会社員は退勤後、自己啓発を最もしたいと答えました。先週、就職ポータルキャリアが国内の大手企業及び中小企業に勤めている会社員347名を対象にしてアンケート調査を行った結果を発表したのですが、「退勤後、夕方にしたいことをしていますか」という質問に、54.5%が「いいえ」と答えました。

会社員は退勤後、自己啓発を最もしたがっていますが、実際には定時退勤が難しかったり、会社での生活の疲れのせいで実行できていないということが分かりました。

より具体的に調べてみると、「退勤が遅いから」が62.4%で最も多く、その次は「疲れているから」が56.6%、「お金がないから」が29.6%でした。「時間を作るのが大変だから」、「退勤後には家事をしなければならないから」、「会う友達がいないから」、「副業をしているから」と答えた会社員もいました。

「退勤後したいことは何ですか」という質問には回答者の60.5%が「塾の受講など、自己啓発」と答えました。「映画観覧などの趣味活動」と答えた会社員は47.3%、「家で一人で休息」と答えた人は45.5%でした。その他に、「家族との時間」、「友達、学校の先輩と後輩との集まり」、「職場の同僚との飲み会」、「ビジネスミーティング」などがありました。

反面、「実際に退勤時間後に最もしていること」（複数回答）は「家で一人で休息」が42.4%で最も多かったです。その他に、「会社で夜勤」が33.1%、「家族と一緒に時間を過ごす」が22.2%、「職場の同僚との飲み会」が20.5%、「塾の受講などの自己啓発」が14.1%、「映画観覧などの趣味活動」が8.9%、「友達・学校の先輩後輩の集まり」が6.9%でした。

ここまでMBSニュース特別企画、「20XX年韓国会社員の探求」の金ハナでした。

（2014、www.career.co.kr. キャリアネット）

❷ ① 会社員は退勤後、自分がしたがっていることをしている。（×）
② 会社員は退勤後に自己啓発を最もしたがっている。（○）
③ 会社員は遅い退勤時間と疲れのせいで自己啓発をあきらめている。（○）
④ 退勤後に自己啓発をしている会社員より家で休む人がもっと多い。（○）

❸ 자기 계발

❹ 정시 퇴근이 어렵거나 피곤해서

❺ 학원 수강 등의 자기 계발 （塾の受講などの自己啓発）

文法と表現

❶ ① 나는데요
② 맛있는데요
③ 있는데요

❷ ① 김하나라고 합니다
② 사 과라고해요
③ 뭐라고 했어요

❸ ① 덥기 때문에/더워서
② 춥기 때문에/추워서
③ 못 먹기 때문에/못 먹어서

UNIT 06　家と住居環境

1

□寮　□マンション（アパート）　□一軒家　□ワンルーム　□オフィステル（オフィス＋ホテル）

2

① どこで暮らしたいですか。	□都会　□田舎　□海辺 □島　□山　□その他
	□アパート　□一軒家　□ワンルーム □韓屋（韓国の伝統家屋）　□その他
② どんなところで暮らしたいですか。	□交通が便利な所 □大型スーパーやコンビニ、市場から近い所 □銀行、病院、市役所などが近い所 □近くに公園がある所 □駅や停留場が近い所 □学校や職場から近い所 □静かで空気がきれいな所 □庭園や庭がある家 □にぎやかな所
③ どんな家で暮らしたいですか。	□部屋が多い家 □リビングが広い家 □浴室・トイレが2つ以上ある家 □窓が多い家 □駐車場がある家 □ペットを飼うことができる家

1　住みたい家

1

① 침실（寝室）：寝る所です。ここには布団、枕、ベッドなどがあります。
② 욕실（お風呂場）：顔を洗ったり、シャワーをする所です。
③ 현관（玄関）：履物や傘などを置く所です。
④ 주방（厨房）・부엌（台所）：食事を準備したり食事をする所です。
⑤ 거실（居間）：家族が集まってTVを見たり話し合ったりする所です。

読む前に

ミニョン：ユジンさんは結婚したらどんな家に住みたいですか。
ユジン：そんなの考えたことないです。
ミニョン：おかしいな。好きな人ができたらこんな家に住みたい、寝室はどうだ、玄関はこうで、キッチンはどうで…。こんなこと、考えませんか。
ユジン：そうねえ、本当に愛するならそんなことはあまり重要ではないと思います。
ミニョン：それじゃ、何が大事ですか。
ユジン：外形的な家は問題にならないと思います。愛する人にとってお互いの気持ちが一番いい家じゃないですか。

Reading ある会社でネットユーザーを対象に「住みたい家、私が夢見る家」に関するコメントのイベントを実施しました。

　人によって家に対する考えや望みが異なる。ある人にとって家は休息と再チャージの空間であろうし、またある人にとっては何かを生み出す空間であろう。ネチズン（ネット市民）がいつも考えて夢見ている家はどのような姿だろうか。

2月口コミイベント
住みたい家、私が夢を見る家??

else85	今ワンルームに住んでいるので（涙涙）ツールームに住みたいです。	コメント
kimc5848	花が好きです。花を育てられる小さい庭がある家だったらいいと思います。	コメント
beautiful	てっぺんの階でソウルの夜景を観ながら暮らしたいです。	コメント
kind2424	冬は暖かくて夏は涼しい家です！今暮らしている家は冬は寒くて夏は暑くて…涙涙	コメント
dsfko48	庭が広くて花も育てて、野菜も栽培して、子犬も育てられる家に住みたいです。	コメント
dfjf65	↳ 本当に素敵な考えです!!!	コメント
pasf49	家賃が高すぎます。もうちょっと安い家に住みたいです。	コメント
deklf56	愛する妻と元気な子供たち、そして犬一匹…	コメント
dfjf65	↳ 私も犬、大好きです!!!	コメント
LeeMY	幼い時からアパートだけで暮らしていたので田舎の一軒家で一度住んでみたいです。	コメント
Ofgo	家族と一緒に複雑な都会から離れて静かな田舎に住みたいです〜	コメント
aris5848	私が夢見る家は暖かいオンドル部屋と広い庭、小さいプールがある2階立ての家です。	コメント
pja1005	外国で暮らしたいです。フランスで余裕とロマンを楽しみながら!!	コメント
wjsthgp	海が見える小さなペンションに住みたいです!!	コメント
abc	リビングがちょっと広ければいいです。	コメント
sock95	愛する人と一緒に暮らせる幸せな家、そんな家に住みたいです!!	コメント

文法と表現

1　① 더울 거예요/더울 겁니다
　② 잘될 거예요
　③ 자고 있을 거예요

2　① 했으면 좋겠다
　② 쉬웠으면 좋겠어요
　③ 생겼으면 좋겠어요

3　① 쓰던
　② 다니던
　③ 읽던

2　**新たな住居トレンド：シェアハウス**

1

□冷蔵庫　□電話　□テレビ　□エアコン　□洗濯機　□時計　□本棚　□ベッド　□食卓
□机　□絵　□家具　□鏡　□ゴミ箱　□石鹸　□歯磨き粉　□歯ブラシ
□ティッシュ（トイレットペーパー）

読む前に

共に暮らす楽しさ シェアハウス	下宿の伝説、下宿の夢 新村下宿	ワンルーム＆賃貸 韓国大の正門から歩いて5分の距離 -フルオプション-
夜は怖くて昼間は寂しい方。家らしい家で人の生活感を感じながら暮らしたい方に超おすすめ！ 　家賃：46万ウォン〜 　保証金：100万ウォン〜 ・エアコン・冷蔵庫・洗濯機 ・電子レンジ・掃除機・炊飯器など ・洗剤・ティッシュ・ごみ袋無料	母親のような オーナーおばさん 2人前のような 1人前の食事 クリーニング屋のような洗濯 **うちの息子はハンサムだ!!** 下宿費40万ウォンから 02-333-1722	エアコン/冷蔵庫/ガスレンジ/洗濯機/TV/ベッド/電子レンジ/たんす/下駄箱/本棚/本立て/有線放送/インターネット無料。部屋が広くてきれい。駐車可能 02-757-4658

Reading　〈Trend Insight〉という雑誌で最近話題になっている「シェアハウス」に関する記事が掲載されました。

UNIT 06

Trend Insight　「安いのがいい」「面白いのがいい」「共にがいい」
　　　　　増え続けているシェアハウス、住居費も節約し友達ともつきあいます。

　最近「カーシェアリング(Car Sharing)」、「ソーシャルネットワークサービス(SNS)」など、「共有」を通してシンプルに暮らしたいという人が増えています。「シェアハウス」もTVとドラマ、新聞、雑誌などに紹介されながら国内で多くの注目を浴びています。

　シェアハウスとは、部屋は「別で」、リビングやキッチンなどはほかの人と「共に」使う住居形態を言います。値段はワンルームやオフィステルに比べて少し安いか少し高い方で、テレビ、洗濯機、冷蔵庫、エアコンなどはもちろん、机や本棚、テーブルのような家具まで 備えている場合が多いです。そのために、早くから外国人留学生に人気がありましたが、最近はソウルを中心にいろいろな職業や年齢層へ拡大しています。

　このようにシェアハウスが人気を集める理由は安い価格、そして何よりも他人と一緒に共にしたがっている人が増えているからだと思われます。私が知っているある会社員は家族、友達から離れて一人暮らししている間、会社の同僚を除いて一言も言わない日も多かったそうです。しかし、シェアハウスでは退勤して帰ってくると、「お帰りなさい」と言ってくれる人がいて良いそうです。また、ほかの人と話したいときは自分の部屋から出てリビングに行けばよく、一人でいたいときは自分の部屋へ戻っていけばいいのも良い点だと言います。

　もちろん、短所もあります。 数十年を違う環境で生きてきた人々が、同じ家で一緒に住むのに問題がないはずはないでしょう。しかしながら、気になる新しい住居形態であることは間違いないようです。

3　방은 '따로', 거실이나 부엌 등은 다른 사람과 '같이' 사용하는 주거 형태

4　① シェアハウスはワンルームやオフィステルと比べて値段が少し安かったり、高い方だ。（○）
　② シェアハウスは家具などの生活用品を備えている場合が多い。（○）
　③ 現在シェアハウスはいろいろな職業と年齢層の人々に人気を得ている。（○）
　④ シェアハウスの人気がある理由は値段が安くて一人でいたがっている人が増えたからだ。（×）

文法と表現

1
① 잃으면서
② 되면서
③ 들면서

2
① 잘하는 편이에요
② 먹는 편이에요
③ 잘생긴 편이에요

3
① 물론(이고)
② 물론(이고)
③ 는/도

UNIT 07　恋愛と結婚

1

□合コンする　□お見合いをする　□一目ぼれする　□恋に落ちる　□付き合う　□恋愛する
□デートする　□喧嘩する　□謝る　□告白する　□プロポーズする　□結婚する　□別れる
□離婚する

2

結婚に関するアンケート調査
1. 結婚したいですか。
❶ はい、結婚したいです。　❷ いいえ、結婚したくないです。
2. なぜですか。
❶ を選んだ人
　a. 好きな人と一緒にいたいからです。　　　b. 家族を作りたいからです。
　c. 一人は寂しくて退屈だからです。　　　　d. その他(　　　　　　　　).
❷ を選んだ人
　a. 一人が楽だからです。　　　　　　　　　b. 暮らしが大変だからです。
　c. 会社の仕事もしなければならないし、家事もしなければならないです。忙しすぎます。
　d. その他(　　　　　　　).
❶ を選んだ人
3. 何歳ぐらいで結婚したいですか。
4. 結婚する時、何が一番大事だと思いますか。
①年齢　　②性格　　③趣味　　④外見
⑤学歴　　⑥職業　　⑦健康　　⑧経済力　　⑨その他

1　結婚の条件

1

性格は？	外見は？	経済力は？	その他
□善良だ	□美人	□お金がたくさんある	□同い年
□冷たい	□美男	□お金がない	□○歳年上
□暖かい	□ハンサムだ	□お金持ち	□○歳年下
□明るい	□不細工だ	□貧乏だ	□趣味が同じだ
□暗い	□綺麗だ	□経済力がある	□嘘をつく
□まじめだ	□可愛い	□年俸00万ウォン以上／以下	□料理が上手だ
□率直だ	□セクシーだ		□尊敬できる
□情が深い	□背が高い		□親によくする(面倒をみる、世話する)
□几帳面だ	□背が低い		□子どもが好きだ
□気が短い	□太っている		□浮気をする
□内向的だ	□スリムだ		□気が合う
□心が広い			

読む前に

① (もし結婚をするなら)何歳ぐらいにする計画ですか。
② いつ結婚したい気持ちになりますか。
③ どんな女性・男性と結婚したいですか。
④ 外見は気にしないですか。
⑤ 恋愛する時や合コンの時、「この女性／男性と結婚したい！」と思ったことありますか。

Reading あるファッション雑誌が企画したトークの内容です。

何歳ぐらいに結婚するつもりですか。
ユンチャン　だいたい5年後？
ドゥヨン　　就職したばかりだから、私も5年後にはしたいです。
ジェウォン　私は今すぐしたいです。それで最近熱心に合コンもしています、ハハ。

いつ結婚したいという気になりますか。
ユンチャン　ほとんど毎日です。一人暮らし15年目ですよ。最近はとても寂しいです。一緒にご飯も食べて旅行も行ける人がいたらいいですね。
ドゥヨン　　夕食を一人で食べるとき。
ジェウォン　結婚して、子供産んで、幸せに暮らしている友人を見る時？

どんな女性と結婚したいですか。
ユンチャン　綺麗でセクシーな女性？　はは、冗談です。善良で私のことをよく理解してくれる女性？
ドゥヨン　　私は料理が上手な女性だったらいいですね。奥さんが料理が上手なら、毎日早く家に帰りそうです。
ジェウォン　自分のことを愛してくれる女性？　自分のことを愛することができて、また趣味がある人がいいです。

外見は気にしないですか。
ユンチャン　きれいであればいいですね。でも外見がすべてではないです。
ドゥヨン　　私もそうです。私は外見より性格がもっと大事だと思います。
ジェウォン　私の見た目がよくないので、彼女はきれいだといいです。もちろんⓐ整形美人はだめです。

恋愛する時や合コンの時、「この女性と結婚したい！」と思ったことありませんか。
ドゥヨン　　今まではなかったです。
ジェウォン　私は一度だけ。特に理由はないです。なんとなく感じが良かったです。
ユンチャン　彼女に合コンで会ったけど、彼女がⓑバックパックにコンバースのシューズで現れました。その地味さがよくて、「あ〜、この人と結婚したい」と思ったことがあります。

（2011、COSMOPOLITANの記事の一部を加筆修正）

文法と表現

1
① 있거든요
② 잤거든요
③ 놀러 오거든요

2
① 똑똑한 줄 몰랐어요
② 어려운 줄 몰랐어
③ 좋아하는 줄 몰랐어

3
① 먹어 본 적이 있어요
② 실수한 적이 있어요
③ 가 본 적이 있어요

2　恋愛の科学

❶ 30歳ごろには必ず結婚したい28歳の女性です。ところが、周りで結婚した後、大変そうな人をとてもたくさん見ました。どんな人と結婚したいかはまだよく分かりませんが、少なくともこのような人とは結婚してはならないということには正解があると思いまして。

❷ 昨年末の集まりで偶然彼氏に出会った後、今もちゃんと付き合っています。ところが、一つ問題があります。その人は週末になるとほぼ毎日海にサーフィンをしに行きます。平日は両方仕事で忙しいのに、週末には海へ行ってしまうから付き合ってから1年になったけど、今までデートらしいデートをしたことがないです。しかも私は水が怖くて。趣味が違う私たち、幸せになれるでしょうか。

❸ 付き合っていた人と別れて2か月になりました。付き合っている間にもたくさん喧嘩をしたりしました。そうしているうちに、その人がもう疲れ切ったと言いながら、もう会うのはやめようという言葉だけ残して離れていってしまいました。他の人にも会ってみたり、あえてその人との悪い記憶だけ思い浮かべてみることもしたけど、それでも簡単に忘れられないです。その人に再会することはできないんでしょうか。それとも忘れる方法だけでも教えてください。

（2016,「私たちはどうしてこれほど、愛に関するほぼ全ての質問に答える」、カクジョンウン、図書出版タル）

Reading ブログに載せられたコラムです。

「進化心理学」で学ぶ恋愛の科学

金ミンシク(翻訳者／ドラママニア兼PD)
最終更新時刻：20XX年7月30日木曜日13時58分

幼い頃、私は恋愛が非常にしたかったが、毎回失敗した(醜いくせにかわいい子だけ好きだった)。失敗するたびに、恋愛の技術に関する本から方法を見つけようとした。エーリッヒフロムの「愛の技術」、ジョングレイの「男は火星から、女は金星から」など。

結局、本の中では恋愛の技術を学べなかったが、本を読む習慣のおかげで結婚にゴールインした。大学院1年後輩の妻とは新入生歓迎会で初めて会った。

結婚後ある日、「僕がどうやってこんな綺麗な女性と結婚できたのだろうか」と知りたくなった。それで、妻に尋ねてみた。

「君はぶさいくな男とは付き合いたくないって言ってたじゃない？　それなのになぜ僕と結婚したの？」

「先輩は本をたくさん読むから。せめて本をたくさん読む人なら結婚して妻を飢え死にさせることはないだろうと思ったの。」

"ん？"

そうだ。本の中に道があった！

最近恋愛に役に立つと思う本を一冊見つけた。「進化心理学」(2012年、デイビッド・バス)という本だ。この本は、愛と恋愛、性と結婚に対する科学的根拠やアドバイスに満ちていて、恋愛が難しい若者らに大いに役立つ。

内容を一つ紹介すると、この本によれば、TVドラマを見すぎるのは恋愛と結婚に役立つどころか、むしろ邪魔になる。ドラマは現実では珍しいほどきれいな女性が、現実では会う可能性がほとんどないお金持ちの財閥に会って恋愛する話がほとんどだからだ。さらに、話自体も非現実的である。

だから恋愛のためなら、しばらくTVは消しておいて、本を読もう。心と行動を探求する「進化心理学」を読んで異性の心を読む方法を学ぼう。そして恋愛が大変だとあきらめないで。死ぬその日まで愛して生きるために最善を尽くしてみよう！

(2015、「進化心理学で学ぶ恋愛の技術」、金ミンシクのブログ(http://blog.newstapa.org/seinfeld6839/2238)の内容を加筆修正)

② 연애를 위해서 책을 많이 읽자.

③ 현실과 거리가 멀기 때문에

文法と表現

①
① 먹을 만한
② 쓸 만한
③ 볼 만했어요

②
① 그랬잖아요
② 마셨잖아요
③ 말했잖아요

③
① 밥은커녕
② 인사는커녕
③ 는커녕, 도

UNIT 08　気分と感情

1

□悲しい	□楽しい	□幸せだ	□寂しい	□恥ずかしい	□(気持ちが)傷つく	□もどかしい
□面白い	□怖い	□大変だ	□緊張する	□心配する	□恥ずかしい	□気分がいい
□気分が悪い	□腹が立つ	□イライラする	□ストレスがたまる			

2

① 最近幸せですか。
② 心配ごとが多い方ですか。
③ 周りに怒らせる人がいますか。
④ 怒りをうまく抑える方ですか。怒った時はどうしますか。
⑤ 友達や家族、或いは自分にがっかりしたことがありますか。

⑥ 最近他人の言葉のせいで傷ついたことがありますか。どんな言葉を聞きましたか。
⑦ 今まで近い人から裏切りを感じたことがありますか。
⑧ よく緊張する方ですか。緊張をどのようにほぐしますか。
⑨ 退屈な時は主に何をしますか。
⑩ 寂しい時はどうしますか。
⑪ 最近ストレスが多いですか。ストレスが溜まった時、気分転換のためにすることがありますか。

1 気分と感情

1

❶ [マークトウェイン] 腹が立つ時は100まで数えよ。それでも腹が立つ時は悪口を言え。
❷ [釈迦牟尼] 自分の感情を信じるな。感情が自分を騙す場合がある。
❸ [デカルト] 他人を憎む感情は顔のしわになり、他人を恨む心は美しい顔を醜くする。
❹ [ドストエフスキー] 感情は絶対的なものである。その中でも嫉妬は一番絶対的な感情である。

Reading 「名言で見る世界」というブログに載せられたエッセイです。

[感情に騙されない] 私の感情は私によって決定される。

　松下電器の松下幸之助会長が海辺を歩きながら急に図体の大きな男にぶつかって海に落ちた。一緒に行った秘書が驚いてその男を叱ろうとすると、松下会長は「余計なことしないで。あの人を叱ったからといって、私が海に落ちたという事実がなくなったことにならないではないですか。夏だから寒くもないですね。では参りましょう。」

　松下会長は怒ったからといって変わることがない過去のことに無駄に怒るよりは、先(未来)に向けて行くのがもっと大事だと思ったのでおそらくそのような行動をしたのだろう。

　松下会長はまた自分の成功の要因として、第一に、「何も学んでいなかった」、第二に「体が弱かった」、第三に「貧しかった」を挙げた。学べなかったためいつも学ぼうと努力して、体が弱かったのでお酒、タバコを遠ざけて健康を守ろうとして、貧しかったので一生をあのように一生懸命に働いたという意味だ。

　誰でも学んだことがなく、体が弱くて、貧しかったら否定的な考えに陥りやすい。しかし「経営の神様」と呼ばれる松下は自分が持っている全ての不利な状況を肯定的な方向に変えた。結局、避けられないこのような悪い状況がむしろ彼に「成功」を与えてくれたわけだ。

　ここで得られる一つの教訓は「人の心を動かすのは自分が出会った状況ではなく、それを受け入れる方式」ということだ。換言して、自分にやってきた状況に対してどのような感情を持つかは自分の意志によって異なってくるということだ。つまり、どのような感情を持つかによって悪い状況であってもいくらでもいい方向に変えることができ、逆にいくらいい状況であってもいくらでも悪くすることができるということだ。

(ボンリブロ(http://bonlivre.tistory.com/120)に掲載された内容を加筆修正)

UNIT 08

2 '배운 게 없었다', '몸이 약했다', '가난했다'

3 사람의 마음을 움직이는 것은 자신이 만난 상황이 아니라, 그것을 받아들이는 방식이다

文法と表現

1
① 맑다가
② 가다가
③ 보다가

2
① 살던
② 행복하던/행복했던
③ 기뻐하던/기뻐했던

3
① 잔 셈이다
② 어머니인 셈이다
③ 끝난 셈이에요

2 ストレスとストレス解消

1

① よく腹を立てる。
② 最近肌が荒れている。
③ 筋肉痛がある。
④ よく眠れなくて、よく目が覚める。
⑤ 自信感がなくなった。
⑥ 理由なく不安でイライラする。

Unit 08 気分と感情　**105**

⑦ よく疲労感を感じる。　　　　　　　　⑧ 集中がよくできない。
⑨ 記憶力が悪くなって物忘れがひどい。
⑩ 食欲がなくてあまり食べなかったり、一度食べると暴食する。
（※6点以上ならストレスの程度がひどいかも……？）

読む前に

(1) ストレスはよくないので、できれば避けるし減らすべきだ。
(2) ストレスは毒ではなく薬だ。だからうまく活用すべきだ。

Reading　次の各文章はストレスに関する多様な研究結果です。

❶ ルイス博士は次のように述べる。
　「我々の社会ではストレスを無条件に悪いものとして考える傾向があります。もちろん行き過ぎた、そして不必要なストレスが健康に良くないという研究結果があるのは事実です。でもストレスを無条件に悪く感じるのも望ましくないです。」
　「ストレスの反対語を一度おっしゃってみてください。そうです。ストレスの反対語は安らぎです。しかし、そんな状況では成長がありません。不便なことにアプローチする時、学びがあります。」
❷ シャハール教授はハーバード大学肯定心理学教授だ。彼は、幸せのためには自分の感情とストレスを扱うことが何より重要だと言っている。そしてストレスをコントロールするには運動すること、愛する人と一緒に時間を過ごすこと、目の前のことに集中すること、深く息を吸うこと、メディテーションなどが役に立つと言っている。
❸ ストレス、溜めて生きる男、解消して生きる女
❹ イギリスサセックス大学のルイス博士の研究チームは読書、散歩、音楽鑑賞、ビデオゲームなど、各種ストレス解除法がストレスをどのくらい減らしてくれるかを測定した。その結果、読書がストレス解消に最も効果的で、その次が音楽鑑賞、コーヒーを飲むこと、散歩の順だった。

3
　外国で生活してみるとおもしろいこともたくさんあるけど、大変な時もたくさんあります。特に私の場合には言語によるストレスが大きいです。話したい言葉があるけど、韓国語で上手く表現できない時、そして考えをきちんと伝えられない時ストレスをたくさん感じます。どうすればいいでしょうか。

4
　ストレスが溜まっている時、私は日本にいる故郷の友達に会う。友達と一緒に美味しい故郷の料理を作って食べながら自分たちの言葉で話していると、いつの間にかストレスが消える。たまには外へ出て散歩をしたりする。静かで綺麗な公園を歩き終わると心配ごとが忘れられる。ストレスが溜まった時は大掃除をしたりすることもある。部屋を掃いて磨いた後、綺麗になった部屋を見ると気分まで良くなる。

文法と表現

❶　① 누구신지
　　② 있는지 없는지
　　③ 저러는지

❷　① 듣다 보면
　　② 가다 보면
　　③ 듣다 보면

❸　① 읽는데
　　② 잤는데
　　③ 늦었는데

UNIT 09　言語と教育

1

- □先生　□教授　□先輩　□後輩　□同僚　□同期
- □入学する　□卒業する　□欠席する　□遅刻する
- □願書　□試験（□修能：修学能力試験の略、□中間試験、□期末試験、□面接）
　□点数（□成績、□単位）　□合格する　□不合格する

❷

[例] 受ける　受かる　落ちる　志願(する)　留学(する)　就職(する)　休学(する)

① ・ヨンミンが食堂に（就職して）料理人になった。（취직해서）
　・プータローだったおじがついに会社に（就職した）。（취직했다）
② ・A：わが会社に（志願した）動機は何ですか。（지원한）
　　B：幼い時から自動車に関心があって（志願する）ことになりました。（지원하）
③ ・外国で（留学している）間、韓国料理がとても恋しかった。（유학하는）
　・3年生になる前に（留学）に行って韓国語をもっと深く学びたい。（유학）
④ ・ヨンミンは病気のため二学期を（休学した）。（휴학했다）
　・A：君、今度軍隊行くんだって？
　　B：うん、それで今学期を最後に（休学）しようと。（휴학）
⑤ ・彼は望んでいた大学に進学するために入学試験を3回も（受けた）。（봤다）
　・A：試験はよく（受けた：うまくいきそう）？（봤어）
　　B：勉強をしなかったので今度の試験は（うまくいかなさそう）。（못 봤어）
⑥ ・ヨンミンは難関という大手企業の入社試験に一回で（合格した）。（붙었다）
　・この大学に入るために3回の試験を受けた末に（合格した）。（붙었다）
⑦ ・ヨンミンは試験の成績が低くて結局大学に（落ちた）。（떨어졌다）
　・A：君の妹、面接試験に合格したの？
　　B：いや、残念ながら（落ちた）。（떨어져어）

1　なぜ学び、何を学ぶのか

1

- 幼稚園 - 小学校 - 中学校 - 高校 - 大学 - 大学院（修士／博士）
- 幼稚園児 - 小学生 - 中学生 - 高校生 - 大学生 - 大学院生

2

| □国語 | □数学 | □科学 | □物理 | □化学 | □生物 | □社会 | □歴史 | □政治 | □経済 |
| □地理 | □文学 | □音楽 | □美術 | □体育 | □文化 | □作文 | □外国語 | □世界史 |

読む前に

韓国の大学生を対象に大学に行こうという理由を調査した結果、「いい仕事を得るために」が1位、「能力の啓発のために」が2位、「知識を習得するために」が3位ということが分かった。

Reading　日本の学者などが高校生のためにしたアドバイスです。

なぜ学び、何を学ぶのか

　今16歳になった皆さんに聞きたいことがあります。きっと今皆さんは「私も高3になったら受験勉強をして、大学に行くだろうな」と思っているはずです。ひょっとすると行きたい大学をもう決めているかもしれません。

　ところが、皆さんはなぜ大学に行こうとしますか。親や先生が行けというから？　友達が行くから？　高校だけ卒業しては就職が大変そうだから？　もし、皆さんが「そのような理由だけで」大学に行こうというなら大学に行く意味がありません。なぜならば、これらは全て「自分の外にある理由」だからです。

　一度考えてみてほしいです。親や先生、或いは友達が自分の人生を決定してもいいのか？　おかしいと思いませんか？

　そして、「ⓐ大卒じゃないと就職しにくい」というのも嘘です。高校卒業は勿論、中学校卒業後にも技術を習い、素晴らしい業績を上げている人も世の中には大勢います。

　要するに、皆さんは「ただ何となく、皆そうしているから」大学に行こうとしているのです。そして皆さんは「ただ何

となく、皆そうしているから」勉強しているのです。皆さんを悩ませる国語も数学も英語も、そして科学も社会も、そのような理由で勉強しているだけなのです。

　勿論、大人も勉強はします。会社員がマーケティングの勉強をしたり、弁護士が法律の勉強をしたり、料理人が新しいメニューの勉強をしたりします。しかし彼らは今の仕事、明日の仕事に必要な勉強をしているだけです。彼らには勉強する理由、勉強しなければならない理由がはっきりしています。そのため、大人は国語も数学も勉強しません。それが今日や明日の仕事と関係がないからです。

　それでは皆さんはなぜ大人もしない勉強をしているのでしょうか。皆さんはここで、何を学ぼうとしているのでしょうか。高校3年生になるとこのようなことを考える余裕がないでしょう。このようなこと考える時間があったら一つでも多くの単語を覚え、一問でも多くの数学の問題を解かねばなりません。

　だから、16歳という今、一度真剣に考えてほしいです。自分が勉強する理由を…。

『16歳の教科書 なぜ学び、何を学ぶのか』（講談社2007）を韓国語訳・加筆したもの。

③ 대학을 가는 이유/공부하는 이유를 모르는 학생 (남들이 대학에 가니까 가려고 하는 학생)

④ 지금의 일, 내일의 직업에 도움이 되기 때문에

⑤ 고등학교 3학년이 되면 시험 공부로 이런 것을 생각할 여유가 없기 때문에

文法と表現

①
① 막힐지도 몰라요
② 자고 있을지도 모르니까
③ 상처를 받았을지도 몰라

②
① 죄송할 뿐입니다
② 왔을 뿐이에요
③ 들었을 뿐이에요

③
① 들으신다면
② 예쁘다면
③ 들었다면

② ため口はいつから？

❶

□言葉　　□言語　　□スピーキング　　□リスニング　　□リーディング　　□ライティング　　□単語
□文法　　□語彙　　□発音　　□文章　　□テキスト

❷

　学校で新しい表現を習ったらできればすぐ使ってみようと努力します。習った表現を実際の状況の中で使ってみると、その表現の意味をより正確に理解し覚えられるからです。

　しかし、よく失敗をします。昨日はつきあって2ヶ月くらいいたった友達に学校で習った「발이 넓다」という表現を「얼굴이 넓다」と間違って言う失敗をしました。「知り合いが多い」という意味で日本語では「얼굴이 넓다」という表現を使うけど、韓国語では「얼굴」ではなく「발」が広いという表現を使うんですよ。韓国語でほかの人に「本当に顔が広いですね！」というと大変な失礼になります。

　このように、外国語を学ぶということは本当に難しそうです。でも失敗を恐れずに続けて使い続ければいつかは韓国語を流暢に言えるようになる日が来るだろうと信じて、今日も一生懸命に勉強しています。

Reading　韓国語の '반말과 존댓말' について書かれたブログの内容です。

　"先輩、ため口でいいですよ。"
　初めてのことではない。学校の後輩や社会で会った後輩らにため口を使わなかったので誤解を招いたりする。
　"ヨンミン先輩は温かい人ですが、親しくなりにくそうです。"
　しかし、その後輩よりはるかに若い学生にも私はいつも敬語を使う方だった。出会ってから1年くらい過ぎて、時々は冗談を交わすくらい親しくなっても相変わらず「誰さん」と呼ぶから、後輩の立場からはもどかしかったのでしょう。ため口は単に敬語を使わないという意味ではなく、この人ととても親しくなったという親密感の表現でもあるためだ。

　知っているだろうが、韓国語にはため口と尊敬語がある。普通年齢が低い人が目上の人に尊敬語を使う。時々軍隊や学校、社会で年下でも先輩である場合には尊敬語を使うこともある。

そうではない人もいるが、ⓐ<u>地位が高いといって年上の部下にため口を使う人を見たことがある</u>。そのようにしてこそ集団の上下の秩序が保たれると考えるからであろう。私はこのような例外的な状況が韓国の社会が観察できるいいキーワードだと考える。

　個人的な経験で、昨日まで「先輩、先輩」と呼んでいた後輩が急に「仕事のことで会ったからこれからは『○○さん』と呼ぶ」と言った後に実際にもそのようにして慌てたことがある。呼称、そしてため口と尊敬語を選択する時、もう一つ考慮すべきことは情緒的な「同意」であるが、その過程がスムーズでなかったために生まれた感情である。

　そうであれば目上の人が下の人にため口を言うのは問題ないのか。その人を個人的によく知っているなら特に問題にならないと思うのが韓国の雰囲気である。ただし、よく知らない間である時はいくら年齢が上でも初めから下の人にため口をするのは礼儀正しくないことと考える。

　では、ため口は出会っていつから使えばいいのだろうか。

3 반말은 단순히 말을 놓는다는 의미가 아니라, 이 사람과 아주 가까워졌다는 친밀감의 표현이다.

4 정서적인 동의

文法と表現

1
① 먹곤 했어요
② 싸우곤 했어요
③ 놀러 가곤 했어요

2
① 넓은 편이에요
② 먹는 편이에요
③ 비싼 편이에요

3
① 잤는데도
② 추운데도
③ 수리했는데도

UNIT 10　コンピューターと通信

1

(1) □メールを書く　　□受信メールボックス　　□私に書いたメールボックス　　□送信メールボックス
　　□受信確認　　□一時保管ボックス　　□スパムメールボックス　　□ゴミ箱
(2) □送信する　　□一時保存　　□プレビュー　　□参照　　□タイトル　　□ファイル添付　　□自動保存

Daum 메일　　[보내기]　임시저장　미리보기　□ 내게쓰기　자동저장 오후 2:25

| 메일쓰기 | 내게쓰기 |

전체 ┃ 안읽음　∨
받은메일함
내게쓴메일함
보낸메일함　[수신확인]
임시보관함
스팸메일함
휴지통 5

∨ 내 메일함　[+] [⚙]
Notes

∨ 분류 메일함
청구서함
카페메일함
스크랩함

보내는사람　　　봄날 <cofla9@hanmail.net> ∨
받는사람
참조 [+]
제목
첨부 [−]　　[파일 첨부하기]

朴ヨンミン先生
先生、こんにちは。8期卒業生の金ハナです。
この前の同窓会で10年ぶりに先生にお目にかかれてとても嬉しかったです。先生が全くお変わりなかったので再び大学生の頃に戻った気分でした。
先生、今日はお願いすることがありメールをお送りします。この前の同窓会で同窓会のホームページを作ろうという話がありました。そこで、先生が同窓会でお撮りになった写真をホームページに使用できればと思います。お忙しくない時、添付ファイルで写真を送っていただけますか。同窓会に来られなかった友達も見ることができて、私たちの思い出にもなると思います。

Unit 0 コンピューターと通信　**109**

▼ 더보기	では、先生、お元気で。
외부 메일 확인	また連絡いたします。さようなら。
Daum 스마트워크	金ハナより
환경설정 ｜ 주소록	

コンピューターの過去、現在、未来

❶

□モニター　　□キーボード　　□ソフトウェア　　□(無線)マウス　　□プリンター
□スピーカー　　□カメラ　　□ハードディスク　　□USB

❷

□ウイルス　　□ID　　□パスワード　　□インターネット　　□エラー　　□フォルダー
□チャット（する）　　□クリック（する）　　□検索（する）　　□削除（する）　　□ダウンロード（する）
□添付（する）

① インターネット（チャット）で会った友達と今も連絡を取っています。（채팅）
② マウスの左側を（クリックして）フォルダーを開けてください。（클릭해서）
③ パソコンが（ウイルス）にかかってしょっちゅうダウンします。（바이러스）
④ メールを使うなら、まず（ID）を作らなければなりません。（ID ／아이디）
⑤ （パスワード）は忘れやすいです。必ず違うところにメモしておいてください。（패스워드/비밀번호）
⑥ レポートを作成した後（フォルダー）に保存しました。（폴더）
⑦ 最近は（インターネット）で新聞も読んでメールも送ります。（인터넷）
⑧ ヨンミンさんは飲食店の情報を（検索する）プログラムを開発した。（검색하는）
⑨ 古いファイルを（削除すると）コンピューターの速度がもっと早くなります。（삭제하면）
⑩ メールを送る時、レポートも一緒に（添付して）送ってください。（첨부해서）

Reading　「コンピューターの過去と未来」に対する様々なテキストです。

❶私は長い間コンピューターを使ってきました。初めに始めたのは1988年、私が10歳の時でした。モニター、ハードディスク、キーボードが一体になったコンピューターでした。その時はコンピューターが高くて塾でだけ使うことができました。
　1990年、ついにコンピューターを買いました。99万ウォンの286コンピューター、14インチのモニターと40メガのハードディスク。その当時、コンピューターを売ったおじさんは「40メガなら一生使えるはずです」と言いました。
❷ⓐ10年くらい前には携帯電話は携帯電話で、コンピューターはコンピューターだった。カメラはカメラで、携帯用メディアプレイヤー（例えば、iPod)は単なる携帯用メディアプレイヤーだった。「コンピューターの未来は電話だ」もしくは「電話の未来はコンピューターだ」という考えは誰もしなかった。
　2007年、アイフォーンが初めて出てきた時、この小さい電話が世の中を変えてしまうであろうと考えた人は多くなかった。(むしろ当時の大勢の人は「タッチスクリーンボタン？　よくないアイディアだろう。誰も好まないだろう」と言ったりもした)。(2017. HuffPost「アップルが1995年に描いてみた未来のアイフォーンはどんな姿だっただろう

か？」を一部修正)

❸未来の人工知能コンピューターは自ら学習をし、自ら使用者に必要な情報を作り出す。またモノのインターネット（IoT）の技術が発達して、モノとモノが全てインターネットでつながり、モノの間にお互いに情報のやり取りができるようになるであろう。近い未来に私たちは主人の声を聞き分けるスピーカー、余っている食べ物の量を知らせてくれる冷蔵庫、雨が降ることを話してくれる傘、そして運動法や料理のレシピなどを直接研究し、使用者に情報を提供してくれる家電なども見られるようになるであろう。(2017、少年中央「未来の家を作る技術、人工知能とモノのインターネット」)を一部修正)

❸ 주인의 목소리를 알아듣는 스피커, 남은 음식의 양을 알려 주는 냉장고, 비가 올 것이라는 것을 말해 주는 우산, 그리고 운동법이나 요리 레시피 등을 직접 연구해서 사용자에게 정보를 제공해 주는 가전제품 등

文法と表現

❶
① 가까워 오니까
② 밝아 온다
③ 사귀어 온

❷
① 아무도
② 아무것도
③ 아무 데도

❸
① 가지게 되었어요
② 듣게 되었어요
③ 못 가게 됐어

❷ SNS 疲労シンドローム

A：私は方向音痴なのでスマートフォンなしではどこにも行けない！昔は略図を見たり、電話で道を尋ねたりして打ち合わせの場所をようやく辿りついたけど、最近はグーグルマップ（Google Map）が道案内までしてくれるから道に迷う心配がなくなった。

B：その通り。そしてメールやメッセージもすぐに確認できるし。情報や資料を検索する時も便利になった。

C：そうでなくても、以前は重い辞書を持ち歩いたけど、最近は辞書アプリ一つあれば知らない単語があるたびにすぐに検索することもできる。

D：また写真も手軽に撮ることができるから旅行に行くとき重いカメラを持って歩く必要もないし。もうスマートフォンは私たちの生活になくてはならないみたい。

E：その通り、そして＿＿＿＿＿＿＿＿＿＿

F：あなたたちはそう思うの？ 私もスマートフォンがあるけど、スマートフォンがなくても関係ないと思う。単に携帯電話だけでも十分じゃない？携帯電話で通話もできて、メッセージも送れるし。そして、いずれにしてもカメラもついているから写真も撮ることができるし。

G：そう。そして＿＿＿＿＿＿＿＿＿＿

Reading　最近増加している「SNS」シンドロームに関するテキストです。

しても疲れる、しなくても疲れる

　　　　　　　　SNS疲労シンドローム

　インターネットが普及してから私たちのコミュニケーションの形態も変わった。SNSはもう人間関係においてなくてはいけないものと言う人もいるくらいである。

　SNSの長所はいろいろな情報が得られて、人脈と関係の維持に役に立つところにある。ところが最近ネチズンの間ではSNS疲労シンドロームという新造語が話題になっている。

　SNS疲労シンドロームとは、SNSを使いすぎて生じる精神的、肉体的な疲労感を言う。いったんSNSを使いはじめると、私たちはさらに多くの人々が反応してくることを望むようになる。そのため急いで新しい文章を上げようとして、自分が挙げた文章にコメントがあるか所構わず確認したりもする。コメントが少なかったり反応がよくなければ不安感を感じたり、ひどくはイライラすることもある。また連絡を切りたい人との関係が続いてストレスが溜まったり、公開したくない個人的な話を他人が知ることになるかと不安になったりする。このような症状が全てSNS疲労シンドロームに属する。

　では、SNS疲労シンドロームにかかったらどのようにすべきか。心配することない。SNS疲労シンドロームの解決策は簡単だ。SNSによって不安感や疲労感などを感じるなら、SNSを辞めればいい。結局はSNSを利用することによって生じた問題だからである。

❷ SNS를 너무 많이 사용해서 생기는 정신적, 육체적 피로감

❸ 불안감을 느낀다, 짜증을 낸다, 스트레스가 쌓인다 등

❹ SNS를 그만둔다.

文法と表現

❶
① 피워서는 안 됩니다
② 떠들어서는 안 돼요
③ 가서는 안 됩니다

❷
① 대화로(써)
② 돈으로(써)
③ 노래(로써)

❸
① 나쁠까 봐
② 걱정하실까 봐
③ 방해가 될까 봐

単 語 帳

【凡例】
・本書に出てきた語を単元別に提示しています。
・原則として固有名詞は取り上げていません。また、既に学習していると思われる基本的な言葉と非常に専門的と判断した言葉の中には取り上げていないものもあります。
・複数回出てくる語は初出の課のみを提示しています。

1. ファションと買い物

가격	値段	맞다	合う
값싸다	（値段が）安い	먼저	まず
거의 안	ほとんど〜ない	면접	面接
검은색	黒色	모자	帽子
결혼식	結婚式	목걸이	ネックレス
경험	経験	반지	指輪
계란	卵	밝다	明るい
계절	季節	방송	放送
고르다	選ぶ	벗다	脱ぐ
구경하다	見物する	보라색	紫色
길	道	빌리다	借りる
（값을）깎다	（値段を）値引きする	빨간색	赤色
꽃	花	사이	間
꽃말	花言葉	사이즈	サイズ
끝나다	終わる	상황	状況
（안경을）끼다	（メガネを）かける	서다	立つ
남색	紺色	선물하다	プレゼントする
노란색	黄色	섹시하다	セクシーだ
노랗다	黄色い	속옷	下着
녹색	緑色	손수건	ハンカチ
눈물	涙	스타일	スタイル
（눈물을）닦다	（涙を）拭く	시장	市場
도망가다	逃げる	（국이）식다	（汁が）冷める
（가방을）들다	（カバンを）持つ	（신발을）신다	（靴を）履く
딱 맞다	ピッタリ合う	실수하다	失敗する
때문이다	〜からだ	심심하다	退屈だ
뜻하다	意味する	싱싱하다	新鮮だ
마지막으로	最後に	（모자를）쓰다	（帽子を）かぶる
맑다	晴れる	안경	メガネ
맛보다	味わう	약하다	弱い
（계절에）맞다	（季節に）合う	양말	靴下
		어둡다	暗い
		어떻다	どうだ

113

어리다	若い	향수	香水
어울리다	似合う	헤어지다	別れる
언어학	言語学	화려하다	派手だ
언제나	いつも	화장품	化粧品
연말	年末	회색	灰色
연인	恋人	흰색	白色
예를 들어	例えば	힘들다	大変だ
오랜만에	久しぶりに		

2. 身体と健康

외우다	覚える	가렵다	かゆい
운전하다	運転する	가슴	胸
웃다	笑う	간	肝臓
유행하다	流行ってる	갑자기	急に
의미하다	意味する	거의 ～이나	ほぼ～も
이렇다	こうだ	건강	健康
이별	別れ	걷다	歩く
이제	これから	(병에) 걸리다	(病気に)かかる
입다	着る	(시간이) 걸리다	(時間が)かかる
잠깐	ちょっと	검사	検査
장미	バラ	결과	結果
장소	場所	결정하다	決定する
저쪽	あちら	결혼하다	結婚する
전체적으로	全体的に	계단	階段
전혀 안	全く～ない	고민하다	悩む
정장	正装、スーツ	관심	関心
조화	バランス	규칙적	規則的
준비하다	準備する	근처	近所
중요하다	大切だ	급하다	急ぐ
즐겁다	楽しい	긍정적	肯定的
지갑	財布	기침	咳
(시계를) 차다	(時計を)つける	깁스	ギプス
참석하다	参加する	깜짝	びっくり
캐주얼	カジュアル	깨끗이	綺麗に
켤레	～足	(담배를) 끊다	(タバコを)やめる
탈의실	更衣室	(이야기를) 나누다	(話を)する
파란색	青色	날마다	毎日
팔다	売る	낫다	治る
편지	手紙	내과	内科
편하다	楽だ	넘다	超える
피곤하다	疲れる		
(담배를) 피우다	(タバコを)吸う		

노력하다	努力する	불규칙적	不規則
놀라다	驚く	불면증	不眠症
늘	いつも	(목이) 붓다	(喉が)腫れる
늘어나다	増える	(파스를) 붙이다	(湿布を)貼る
늦잠	寝坊	(물에) 빠지다	(水に)溺れる
다치다	けがをする	(몸무게가) 빠지다	(体重が)減る
(이를) 닦다	(歯を)磨く	삐다	ひねる
단순하다	単純だ	사이 좋게	仲良く
도착하다	到着する	살 (이 찌다)	太る
독감	インフルエンザ	상식	常識
동안	間	생각하다	考える
되도록이면	できれば	생활	生活
드시다	召し上がる	설거지	食器洗い
들다	入る、待つ	설사하다	下痢する
등	背中	소개하다	紹介する
땀	汗	소금	塩
뛰다	走る	소독	消毒
마스크	マスク	소화하다	消化する
(코가) 막히다	(鼻が)詰まる	손가락	指先
만지다	触る	숨	息
(주사를) 맞다	(注射を)受ける	숨쉬다	息をする
(냄새를) 맡다	(匂いを)かぐ	신경 (을 쓰다)	気にする
며칠	何日か前	신체	身体
모기	蚊	심장	心臓
모든	全ての	심하다	ひどい
모시다	招く	싸우다	喧嘩する
몸무게	体重	쌀쌀하다	肌寒い
몸살	疲れによる病気	(스트레스가) 쌓이다	(ストレスが)溜まる
무릎	膝	(껌을) 씹다	(ガムを)噛む
(모기에) 물리다	(蚊に)刺される	씻다	洗う
(약을) 바르다	(薬を)ぬる	아무것도 안 하다	何もしない
발	足	안심	安心
발가락	足先	어깨	肩
발목	足首	얼음	氷
배	お腹	엉덩이	お尻
배우	俳優	엑스레이	レントゲン
변비	便秘	연기	演技
별로 안	あまり～ない	연락	連絡
보약	補薬	열 (이 나다)	熱 (が出る)
부러지다	折れる	예방	予防

115

오래	長く	파스	湿布
(계단을) 오르다	(階段を)上る	팔	腕
오히려	むしろ	폐	肺
올겨울	今年の冬	푹	ぐっすり
왜냐하면	なぜならば	피	血
외출	外出	피부	皮膚
위	胃	하루 종일	一日中
이유	理由	하품	あくび
이틀	二日	한	おおむね
일찍	早く	해롭다	有害だ
입맛	食欲	허리	腰
입술	唇	혀	舌
자극적	刺激的	화(를 내다)	怒る
장	臓	화장	化粧
(체온을) 재다	(体温を)測る	(눈물을) 흘리다	(涙を)流す
재채기	くしゃみ		
조금씩	少しずつ		

3. 旅行と交通

조심하다	気を付ける	갈아타다	乗り換える
주사	注射	거리	道・町
즐기다	楽しむ	걱정이다	心配だ
(화장을) 지우다	(化粧を)落とす・消す	건너다	渡る
(건강을) 지키다	(健康を)守る	게스트하우스	ゲストハウス
진찰	診察	계획	計画
짜다	塩辛い	공연	公演
짜증(을 내다)	イライラする	공짜로	ただで
(살이) 찌다	太る	관광객	観光客
(물이) 차다	(水が)冷たい	교통	交通
찬물	冷水	교통 수단	交通手段
참다	我慢する	교통비	交通費
처방전	処方箋	궁궐	宮殿
천천히	ゆっくり	그냥 그랬다	まあまあだった
체온	体温	극장	劇場
체하다	胃にもたれる	기분	気分
최고	最高	기뻐하다	喜ぶ
치료하다	治療する	기회	機会
침	つば	꼭	ぜひ・必ず
콧물	鼻水	끝내다	終える
탓	せい	나오다	出る
토(를 하다)	吐(をする)	(~으로) 나타나다	~ことがわかる
특별히	特別に		

낮잠	昼寝	산책	散歩
냄내	匂い	서두르다	急ぐ
너무	とても	선정	選定
노래	歌	설정하다	設定する
노인	老人	섬	島
놀이공원	遊園地	성	城
느끼다	感じる	성격	性格
다양하다	多様だ	세계문화유산	世界文化遺産
다음	次	(집을) 세우다	(家を)立てる
달빛	月の光	숙박비	宿泊費
답하다	答える	순	順
당일	当日・日帰り	시내버스	市内バス
대도시	大都市	시대	時代
대상으로	対象に	시작되다	始まる
도보	徒歩	(우산을) 쓰다	(傘を)さす
동물원	動物園	야경	夜景
똑바로	真っ直ぐ	아름답다	美しい
렌터카	レンタカー	앉다	座る
마치	まるで	액세서리	アクセサリー
(길이) 막히다	(道が)混む	야간	夜間
(비를) 맞다	(雨に)当たる	여행자 보험	旅行者保険
매장	売り場	역사	歴史
모이다	揃う・集まる	연극	演劇
문화	文化	예매	予約購入
민박	民泊	예약	予約
바다	海	옛	昔の
바닷가	海辺	올	今年の
바로	間違いなく	올해	今年
박물관	博物館	왕	王
발표하다	発表する	왕복	往復
방면	方面	외국인	外国人
방문하다	訪問する	우울하다	寂しい
배	船	우회전	右折
배	倍	유명하다	有名だ
별	星	이상	以上
볼거리	見どころ	이용하다	利用する
(몸이) 불편하다	(体が)不自由だ	인기	人気
빼놓다	漏らす・飛ばす	인사하다	挨拶する
빼다	除く・落とす	임산부	妊婦
산	山	입장료	入場料

자동차	自動車	환승	乗り換え
자랑하다	誇る	활발하다	活発だ
잠시	しばらく	휴대폰	携帯電話
잡지	雑誌		
적극적이다	積極的だ		

4. 食べ物と飲料

전통	伝統	가구	家具
젊다	若い	(입을) 가리다	(口を)隠す
젊은이	若者	가운데	真ん中
조사하다	調査する	간장	醤油
좌회전	左折	간편하다	簡単だ
주변	周辺	감자	ジャガイモ
주차하다	駐車する	감정	感情
지난	去る	고구마	サツマイモ
지내다	過ごす	고깃집	肉屋
지정되다	指定される	고등어	さば
직장인	社会人	고추	唐辛子
직진하다	直進する	고추장	コチュジャン
직행버스	直行バス	고춧가루	唐辛子粉
진동	振動	고향	故郷
질리다	飽きる	곧	すぐ
(계획을) 짜다	(計画を)立てる	골고루	バランスよく
찻집	お茶屋	관련되다	関連する
체험하다	体験する	괜찮다	大丈夫だ
출구	出口	교회	教会
출발	出発	국	汁
출퇴근	通勤	국그릇	汁椀
춤	踊り	국내	国内
친척	親戚	국물	汁
캠핑	キャンプ	귀찮다	面倒くさい
콘도	コンドミニアム	그 밖에도	その他にも
탑승	搭乗	(눈길을) 끌다	(目を)引く
포함하다	含む	(기침이) 나다	(咳が)出る
풀	草	(소리를) 내다	(音を)立てる
필수	必須	녹차	緑茶
하차	下車	놓다	置く
한복	韓服	다르다	違う・異なる
한잔하다	一杯する	(~와) 달리	～と違って
할인	値引き	닭고기	鶏肉
행복하다	幸せ	답장	返事
혼자서	一人で		

대답하다	答える	시다	酸っぱい
도시락	弁当	시험	試験
(얼굴을) 돌리다	(顔を)横にする	식사	食事
동시에	当時に	식초	酢
돼지고기	豚肉	식탁	食卓
된장	味噌	실내	室内
딸기	イチゴ	실시하다	実施する
또는	もしくは	실태	実態
뜻	意味	싱겁다	味が薄い
마늘	ニンニク	(맛이) 쓰다	(味が)苦い
마찬가지	同じ	양파	玉ねぎ
맛집	美味しい店	어른	大人
맥주	ビール	얻다	得る
맵다	辛い	에티켓	エチケット
메뉴	メニュー	예상	予想
무	大根	예절	礼節
문법	文法	옛날	昔
묻다	問う	오징어	イカ
물건	品物	외 (에)	ほか(に)
미역국	わかめスープ	외롭다	寂しい
반찬	おかず	원인	原因
밥그릇	ご飯茶碗	(~을) 위해서	～のために
배	梨	유학생	留学生
배추	白菜	음료	飲料
버리다	捨てる	이기다	勝つ
복숭아	桃	일어나다	立ち上がる
부담스럽다	負担になる	자리	席
(이름을) 부르다	(名前を)呼ぶ	잘하다	上手だ
분식집	粉食店	젓가락	お箸
생기다	できる・生じる	주로	主に
생선	魚	증가하다	増加する
생일날	誕生日	지식	知識
설문 조사	アンケート調査	(에티켓을) 지키다	(エチケットを)守る
설탕	砂糖	질문하다	質問する
소고기	牛肉	찌개	チゲ
소리	音	(1위를) 차지하다	(1位を)占める
소주	焼酎	참치	マグロ
수박	スイカ	최근	最近
숟가락	スプーン	최신	最新
술집	飲み屋	취직	就職

키워드	キーワード	도전하다	挑戦する
탕	汁	동료	同僚
(~을) 통해	~を通して	(마음에) 들다	(気に)入る
파	長ネギ	따로	別途
패스트푸드점	ファストフード店	(시험에) 떨어지다	(試験に)落ちる
편의점	コンビニ	(해가) 뜨다	(太陽が)登る
포도	ブドウ	모임	集まり
(코를) 풀다	(鼻を)かむ	모집	募集
환경	環境	무섭다	怖い
회	刺身	물어보다	聞いてみる
횟집	刺身屋	믿다	信じる
후추	コショウ	밉다	憎い
		반면	反面
		발전	発展

5. 仕事と職業

가능하면	できれば	방법	方法
개인	個人	변호사	弁護士
검색하다	検索する	별로이다	いまいちだ
경우	場合	보람	やりがい
경찰	警察	부문	部門
계발	啓発	부족하다	足りない
공기	空気	분석하다	分析する
관람	観覧	분야	分野
구체적	具体的	분위기	雰囲気
군인	軍人	사회	社会
근무	勤務	살펴 보다	調べてみる
기간	期間	상사	上司
기억	記憶	서류	書類
기업	企業	선후배	先輩と後輩
기획	企画	소개팅하다	紹介される、合コンする
꼼꼼하다	几帳面だ	수강	受講
꽤	なかなか	수입	収入
꾸준히	粘り強く	술자리	飲み会
(기억이) 나다	覚える	승진	昇進
(시간을) 내다	(時間を)作る	시원하다	涼しい
능력	能力	시작하다	始まる
대기업	大手企業	실력	実力
대리	代理	실제	実際
대신	変わり	실행하다	実行する
도움(이 되다)	助け(になる)	싫다	いやだ
		심사	審査

(경험을) 쌓다	(経験を)積む	참가하다	参加する
(컴퓨터를) 쓰다	(パソコンを)使う	채용	採用
안정성	安定性	초등학생	小学生
야근	夜勤	출근	出勤
약간	若干	출신	出身
약사	薬師	취업	就職
연구하다	研究する	친하다	親しい
연수	研修	탐구하다	探求する
영업직	営業職	퇴근	退勤
우편	郵便	투잡	副業
운	運	특별하다	特別だ
원하다	望む	판사	裁判官
이력서	履歴書	포기하다	諦める
이해	理解	(스트레스가) 풀리다	(ストレスが)解消する
인원	人数	피로	疲労
일	仕事	하루 아침에	一日に
자가용	自家用	학원	塾
자격	資格	합격자	合格者
자기소개서	自己紹介書	해외	海外
장점	長所	활동	活動
재능	才能	회식	会食
적성	適性	휴식	休息
적응하다	適応する	흥미	興味
전형	選考		
점수	点数		
접수	受付		

6. 家と住居環境

정보	情報	가구	家具
정시	定時	가능	可能
제출	提出	(관심이) 가다	(気に)なる
조건	条件	강아지	子犬
졸업하다	卒業する	갖추다	備える
중반	中半	거실	居間
중소 기업	中小企業	거울	鏡
중학생	中学生	공간	空間
지원하다	志願する	공유	共有
지원자	志願者	글쎄요	そうですね
직업	職業	기숙사	寮
직원	職員	꼭대기	てっぺん
집안일	家事	꿈꾸다	夢見る
집중하다	集中する	(인기를) 끌다	(人気を)集める

121

낭만	ロマン	여겨지다	考えられる
늘다	増える	여유	余裕
다녀오다	帰ってくる	연령층	年齢層
단독 주택	一軒家	옷장	タンス・クロゼット
단점	短所	외형적	外形的
돌아오다	戻ってくる	욕실	浴室
두다	置く	원룸	ワンルーム
(나이가) 들다	(年を)取る	월세	家賃
(도시를) 떠나다	(都市を)離れる	이불	布団
(시내에서) 떨어지다	(市内から)離れる	이상하다	変だ・怪しい
마당	庭	이처럼	このように
(공기가) 맑다	(空気が)綺麗だ	(사랑을) 잃다	(愛を)失う
멋지다	素敵だ	임대	賃貸
모습	姿	자신감	自信感
무료	無料	잘 되다	うまくいく
무엇보다	何より	재충전	再チャージ
바뀌다	変わる	전부	全部
바라다	望む	전설	伝説
바람	望み	정문	正門
밥솥	炊飯器	정원	庭園
번화하다	にぎやかだ	제외하다	除く
베개	枕	조용하다	静かだ
보증금	保証金	주거	住居
봉투	封筒	주거비	住居費
비누	石鹸	주목(을 받다)	注目(を浴びる)
(~에) 비해서	～に比べて	주방	厨房
빨래	洗濯物	주인	主人
생산하다	生産する	주차장	駐車場
서로	お互い	중심	中心
세제	洗剤	직장	職場
소개되다	紹介される	집값	家賃
수십 년	数十年	창문	窓
시골	田舎	책꽂이	本立て
신발장	下駄箱	책장	本棚
심플하다	シンプルだ	청소기	掃除機
쓰레기	ゴミ	치약	歯磨き粉
(물을)아끼다	(水を)節約する	침대	ベット
아무거나	何でも	침실	寝室
애완동물	ペット	칫솔	歯ブラシ
야경	夜景	(애완동물을) 키우다	(ペットを)育てる

틀림이 없다	間違いない	(최선을) 다하다	(最善を)尽くす
평소	いつも・普段	당장	すぐ
하숙	下宿	대부분이다	ほとんどだ
하숙비	下宿費	덕분에	おかげで
한 마디	一言	동갑	同い年
현관	玄関	드물다	珍しい・まれだ
형태	形態	(~에) 따르면	～によると
화장지	トイレットペーパー	떠올리다	思い浮かぶ
확대되다	拡大される	똑똑하다	賢い
휴지통	ゴミ箱	뚱뚱하다	太っている
		마누라	妻

7. 恋愛と結婚

		마음	心
가난하다	貧しい	(마음이) 맞다	(気が)合う
가능성	可能性	매번	毎回
가득	いっぱい	못생기다	不細工だ
거짓말	嘘	무사히	無事に
게다가	しかも	무척	とても
결국	結局	미남	美男
경제력	経済力	미인	美人
고백하다	告白する	바람	浮気
골인하다	ゴールインする	반하다	一目ぼれする
과학	科学	방해	妨害
(~에) 관하다	～に関する	부자	お金持ち
굶기다	飢えさせる	비현실적	非現実的
궁금하다	気になる	(사랑에) 빠지다	(恋に)落ちる
그냥	なんとなく	사과하다	謝る
그럭저럭	それなりに	사귀다	付き合う
그만	もう	서른	30歳
근거	根拠	선보다	お見合いをする
근데	それなのに・どころが	선택하다	選択する・選ぶ
금성	金星	성	性
기술	技術	성실하다	真面目だ
(TV를) 끄다	(テレビを)消す	성형	整形
날씬하다	スリムだ	소문	噂
(메시지를) 남기다	(メッセージを)残す	솔직하다	率直だ
낳다	生む	수수함	地味さ
내성적이다	内向的だ	습관	習慣
내용	内容	신입생	新入生
농담	冗談	실패하다	失敗する
		심리학	心理学

아까	さっき	후배	後輩
아니면	それとも		

8. 気分と感情

여친	彼女	가져다 주다	与えてくれる
연봉	年俸	(피부가) 거칠다	(肌が)荒い
연상	年上	걱정되다	心配になる
연애	恋愛	결정되다	決定される
연하	年下	경향	傾向
외모	外見	곱다	美しい
우연히	偶然	과거	過去
이성	異性	교훈	教訓
이혼하다	離婚する	그래도	そうしても
일기 예보	天気予報	근육통	筋肉痛
일부러	あえて・わざと	기분 전환	気分転換
잊다	忘れる	기억력	記憶力
잊어버리다	忘れる	긴장되다	緊張する
잊혀지다	忘れられる	깊이	深く
자체	自体	(잠을) 깨다	目が覚める
잘생기다	ハンサムだ	나중에	後で
재벌	財閥	남다	残る
적어도	せめて	(화를) 내다	怒る
정	情	누구든	誰でも
정답	正解	(감정을) 다루다	(感情を)扱う
조언	助言	닥치다	迫る
존경하다	尊敬する	(방을) 닦다	(部屋を)磨く
주제에	～くせに	달라지다	変わる
죽다	死ぬ	답답하다	もどかしい
지치다	疲れ切る	덩치	図体
차갑다	冷たい	독	毒
차다	満ちている	독서	読書
착하다	善良だ	동창	同級生
첫눈	一目	될 수 있으면	できれば
청춘	青春	(잠이) 들다	寝る
최선	最善	멀리하다	遠ざける
최소한	少なくとも	명상	メディテーション
(바람을) 피우다	(浮気を)する	무조건	無条件
학력	学歴・学力	미래	未来
합격하다	合格する	미워하다	憎む
현실	現実	바꾸다	変える
화성	火星		
환영회	歓迎会		

바꿔 말해	換言して	얼마든지	いくらでも
바람직하다	望ましい	(~에) 의해	(~に)よって
반대	反対	여기다	考える・感じる
반대말	反対語	요인	要因
받아들이다	受け入れる	욕	悪口
방향	方向	움직이다	動かす・動く
배신감 (을 느끼다)	裏切り (を感じる)	원망하다	恨む
(시간을) 보내다	(時間を)過ごす	의지	意志
부끄럽다	恥ずかしい	(~으로) 인한	(~に)よる
부딪히다	ぶつかる	전달하다	伝達する
부정적	否定的	절대적이다	絶対的だ
불리다	呼ばれる	접근하다	接近する
불리하다	不利だ	제대로	うまく
불안하다	不安だ	주름살	しわ
비서	秘書	줄이다	減らす
(바다에) 빠지다	(海に)落ちる・溺れる	지나치다	すぎる
사라지다	消える	질투하다	嫉妬する
사실이다	事実だ	짜증(이 나다)	イライラする
상담	相談	창피하다	恥ずかしい
상처	傷	초조하다	焦る
성공	成功	측정하다	測定する
성장	成長	(외로움을) 타다	(寂しさを)感じやすい
세다	数える	평생	一生
속다	騙される	폭식	暴食
속상하다	傷つく	(긴장을) 풀다	(緊張を)解消する
속이다	騙す	피로감	疲労感
숫자	数字	해소	解消
(숨을) 쉬다	(息を)吸う	행동	行動
쉽게	たやすく	향하다	向かう
슬프다	悲しい	혹시	もしかして
식욕	食欲	혼내다	叱る
신	神	화 (가 나다)	(腹が)立つ
실망하다	失望する	활용하다	活用する
(방을) 쓸다	(部屋を)掃く	회장	会長
쓸데없이	無駄に	효과적	効果的
아마도	恐らく・たぶん	흐리다	曇る
아무리	いくらでも		
안락하다	心安らぐ		

9. 言語と教育

어느새	いつの間に
언젠가	いつか
개인적	個人的

결석하다	欠席する	법률	法律
고등학교	高校	벗기다	脱がせる
고려하다	考慮する	(시험을) 보다	(試験を)受ける
과정	課程	보이다	見せる
관찰하다	観察する	부드럽다	柔らかい
국어	国語	불합격하다	不合格になる
군대	軍隊	(시험에) 붙다	(試験に)受かる
그동안	これまで	(수업을) 빼먹다	(授業を)抜ける
그러니까	だから	(오해를) 사다	(誤解を)招く
그렇기 때문에	そのため	살리다	生き返らせる
그립다	恋しい	새롭다	新しい
기말고사	期末試験	생물	生物
기억하다	覚える・記憶する	석사	修士
깨우다	起こす	선배	先輩
(~을) 끝으로	(〜を)最後に	성적	成績
넓다	広い	세계사	世界史
(말을) 놓다	(ため口を)する	수리하다	修理する
단	ただし	수술하다	手術する
단어	単語	수학	数学
당황하다	慌てる	습득하다	習得する
대졸	大卒	(양말을) 신기다	(靴下を)履かせる
대학원	大学院	아랫사람	下の人
돌아가시다	いなくなる	앉히다	座らせる
동기	同期	알리다	知らせる
동기	動機	어쩌면	ひょっとすると
동의	同意	어휘	語彙
두려워하다	恐れる	언어	言語
드디어	とうとう	업적	業績
들어오다	入る	여전히	相変わらず
(길이) 막히다	(道が)混む	예외적	例外的
말	言葉	예의	礼儀
먹이다	食べさせる	오해	誤解
모두	みんな・全て	요컨대	要するに
문장	文章	울리다	泣かす
문학	文学	웃기다	笑わせる
물리	物理	윗사람	目上の人
미술	美術	유창하다	流暢だ
박사	博士	유치원	幼稚園
반말	ため口	인생	人生
발음	発音	읽히다	読ませる

입사	入社
입장하다	入場する
입학하다	入学する
(옷을) 입히다	(服を)着せる
작문	作文
잘못	間違い
재우다	寝かす
정서적	情緒的
정치	政治
정하다	定める
정확하다	正確だ
존댓말	敬語
졸리다	眠い
죄송하다	申し訳ない
주고받다	取り交わす
죽이다	殺す
중간고사	中間試験
중학교	中学校
즉시	すぐ・直ちに
지각하다	遅刻する
지리	地理
지위	地位
직접	直接
진지하다	真剣だ・真面目だ
집단	集団
처음	初め
체육	体育
초등학교	小学校
큰일이다	大変だ
(차에) 태우다	(車に)乗せる
텍스트	テキスト
표현	表現
(문제를) 풀다	(問題を)解く
학점	単位
호칭	呼称
화학	化学
훌륭하다	素晴らしい
훨씬	はるかに
휴학하다	休学する

10. コンピューターと通信

가전제품	家電
(관심을) 가지다	(関心を)持つ
개발하다	開発する
거절당하다	断られる
(바이러스에) 걸리다	(ウィルスに)かかる
겨우겨우	ようやく
계기	きっかけ
공개하다	公開する
그만두다	やめる
금방	すぐに
긴장하다	緊張する
길치	方向音痴
(연락을) 끊다	(連絡を)切る
네티즌	ネチズン
다시	もう一度
다운로드하다	ダウンロードする
(카메라가) 달리다	(カメラが)ついている
당시	当時
댓글	コメント
도둑	泥棒
동창회	同窓会
드리다	差し上げる
들리다	聞こえる
떠들다	騒ぐ
마우스	マウス
메시지	メッセージ
메일함	メール箱
모니터	モニター
물다	噛む
미리	予め
바이러스	ウィルス
반응하다	反応する
발달하다	発達する
밝혀지다	明らかになる
변하다	変わる
보관	保管
보급되다	普及する
(메일을) 보내다	(メールを)送る

127

뵙다	お目にかかる	일단	いったん
부탁하다	頼む	(길을) 잃다	(道に)迷う
비밀번호	暗証番号	임시	臨時
삭제하다	削除する	자꾸	しょっちゅう
상관없다	関係ない	자동	自動車
세상	世の中	자료	資料
속도	速度	작성하다	作成する
속하다	属する	잡다	握る・つかむ
손쉽다	手軽に	잡히다	捕まれる
수신	受信	저장	保存
스스로	自ら	전염되다	移る・伝染する
스팸	スパム	정신적	精神的
스피커	スピーカー	제공하다	提供する
시도 때도 없이	所かまわず	제목	題名
심지어	ひどくは	주의하다	注意する
아이디	ID	증상	症状
안기다	抱かれる	증후군	シンドローム
안내	案内	참조	参照
안다	抱く	채팅하다	チャットする
알아듣다	聞き分ける	첨부 파일	添付ファイル
약도	略図	첨부하다	添付する
어쨌든	いずれにしても・とにかく	추억	思い出
연결되다	つながる	충분하다	十分だ
염려	恐れ・心配	커뮤니케이션	コミュニケーション
예전	以前	클릭하다	クリックする
오래되다	古い	키보드	キーボード
오랫동안	長い間	폴더	フォルダ
오류	エラー	프린터	プリンター
(글을) 올리다	(文章を)上げる	하드디스크	ハードディスク
올림	より、拝上	해결책	解決策
유지	維持	해결하다	解決する
육체적	肉体的	화제	話題
인간 관계	人間関係	확인하다	確認する
인공 지능	人工知能	힘	力
인맥	人脈		

著者紹介

金昌九（キム・チャング）

慶熙大学校 教育大学院 外国語としての韓国語教育専攻 修士課程修了（教育学修士）

国立釜慶大学校 大学院 国語国文学科 韓国語学専攻 博士課程修了（文学博士）

韓国・釜慶大学専任研究員、新羅大学専任講師、日本・松山大学外国人特任講師を経て、現在、藤女子大学非常勤講師。

単著に、「テーマで学ぶ韓国語（入門〜初級）」（駿河台出版社）、共著に「留学生のための talk talk 韓国語 1 〜 6 」（Pagijong Press）などがある。

酒勾康裕（さかわ・やすひろ）

慶熙大学校 教育大学院 外国語としての韓国語教育専攻 修士課程修了（教育学修士）

慶熙大学校 大学院 国語国文学科 韓国語学専攻 博士課程修了（文学博士）

慶熙大学校国際教育院客員助教授、近畿大学語学教育部特任講師を経て、現在、近畿大学国際学部准教授。

共著に、「三訂版・韓国語の世界へ 入門編」、「改訂版・韓国語の世界へ 初中級編」（いずれも朝日出版社）などがある。

テーマで読む韓国語（中級〜中上級編）
〜頻出単語で多読に挑戦

2019.6.30　初版第 1 刷発行

発行所　　株式会社　駿河台出版社
発行者　井 田 洋 二
〒101-0062　東京都千代田区神田駿河台 3-7
電話　03-3291-1676
FAX　03-3291-1675
E-mail : edit@e-surugadai.com
URL : http://www.e-surugadai.com

組版・印刷・製本　萩原印刷株式会社

ISBN978-4-411-03123-5　C1087　￥2000E